세계를 바꾼 책,

로마서

# 세계를 바꾼 책,
# 로마서

지은이 | 김철해
초판 발행 | 2011. 4. 11
개정 1쇄 | 2023. 3. 29
등록번호 | 제1988-000080호
등록된 곳 | 서울특별시 용산구 서빙고로65길 38
발행처 | 사단법인 두란노서원
영업부 | 2078-3352    FAX | 080-749-3705
출판부 | 2078-3331

책 값은 뒤표지에 있습니다.
ISBN 978-89-531-4452-1  03230

독자의 의견을 기다립니다.
tpress@duranno.com    http://www.Duranno.com

두란노서원은 바울 사도가 3차 전도여행 때 에베소에서 성령 받은 제자들을 따로 세워 하나님의 말씀으로 양육하던 장
소입니다. 사도행전 19장 8-20절의 정신에 따라 첫째 목회자를 돕는 사역과 평신도를 훈련시키는 사역, 둘째 세계선교
(TIM)와 문서선교(단행본잡지) 사역, 셋째 예수문화 및 경배와 찬양 사역, 그리고 가정·상담 사역 등을 감당하고 있습
니다. 1980년 12월 22일에 창립된 두란노서원은 주님 오실 때까지 이 사역들을 계속할 것입니다.

# 세계를 바꾼 책,
# 로마서

김철해 지음

두란노

## 책을 펴내며

전문적으로 신약성경을 가르치고 연구하는 사람들에게는 공통된 욕심이 있다. 다름 아닌 로마서와 요한복음 주석을 쓰는 일이다. 그러나 본서는 그런 욕심에서 나온 것은 아니다. 오랫동안 대학생들을 중심으로 신앙 지도를 한 경험과 목회 현장에서 말씀을 가르치면서 깨달은 핵심들을 책으로 엮어 낸 것이다. 하나님의 말씀을 어렵고 멀게만 느끼는 사람들이 적지 않다. 하지만 말씀에 푹 빠지면 그 무엇보다 흥미진진할 뿐더러, 기쁨과 능력이 솟아난다는 사실을 좀 더 많은 성도들이 깨달았으면 하는 바람으로 이 책을 쓰게 되었다.

좀 더 깊이 연구하여 완벽하게 준비되었을 때 책을 낼까 싶기도 했다. 하지만 이것 역시 교만일 수 있다는 생각이 들었다. 기독교 신앙의 핵심이 되는 로마서를 풀어 쓴 이 책을 통해 성도들이 신앙의 도전을 받고 기초를 세우고 말씀에 더 깊이 들어가게 되기를 기도한다. 말씀은 살았고 운동력이 있다. 많은 사람이 이 책을 읽고 나서 삶의 변화를 체험하고 하나님의 말씀을 더 사랑하게 되기를 기도한다.

이 책을 평생토록 민족 복음화와 성서 한국(Bible Korea)을 위해 기도하셨고 내 믿음의 삶의 멘토가 되어 주셨던 사랑하는 영의 아버지 고(故) 김준곤 목사님과 부족한 종을 위해 기도와 섬김으로 33년간 함께 살아온 사랑하는 아내 김진순 사모에게 바친다.

김철해 목사

# 목차

머리말

# 삶 가운데 혁명을 일으키는
# 놀라운 책

성경 66권은 어느 책이나 다 하나님의 영감으로 쓰인 중요한 책이지만, 바울 사도가 로마에 보낸 편지인 로마서는 특히 많은 사람의 사랑을 받아 오고 있는 특별한 책이다.

영국의 낭만주의 시인이자 평론가인 콜리지(Samuel Taylor Coleridge)는 로마서를 '현존하는 가장 중요한 책'이라고 말했다. 스위스의 신학자 고데(Frederic Godet) 역시 로마서를 '기독교 신앙의 성전'이라고 일컬었다. 종교개혁자 마르틴 루터(Martin Luther)의 표현대로 로마서는 '신약성경의 중심부이며, 가장 순수한 복음'이라 할 수 있다.

댈러스 신학교의 창설자 중 한 사람인 토머스(Griffith Thomas)는 로마서를 철저하게 연구하는 것 자체가 바로 진정한 신학 교육이라고 말했다. 이 사실은 역사를 통해 증명되었다. 세계 기독교 역사상 가장 위대한 신학자로 여겨지는 어거스틴(Augustin)을 변화시킨 책이 바로 로마서이기 때문이다. 잘못된 신앙과 방탕한 생활에 빠졌던 어거스틴이 교회 역사의 기둥과 같은 신학자가 될 수 있었던 것은 그의 어머니 모니카가 끊임없이 기도한 덕택이었다. 하나님은 그를 변화시키는 데 로마서 말씀을 사용하셨다.

자신의 잘못된 행동을 돌이키지 못하고 있던 어거스틴은 바깥에서 노는 아이들의 "집어 들고 읽으라"는 노랫소리를 듣고 친구 손에 있던 성경을 펴서 읽었다. 눈에 들어온 것은 바로 다음 구절이었다.

"방탕하거나 술 취하지 말며 음란하거나 호색하지 말며 다투거나 시기하지 말고 오직 주 예수 그리스도로 옷 입고 정욕을 위하여 육신의 일을 도모하지 말라"(롬 13:13~14).

이 말씀이 어거스틴의 마음을 움직였고, 회심으로 이끌었다. 그의 회심은 기독교에 큰 영향을 끼친 사건이 되었다.

기독교의 또 다른 분수령을 이룬 인물인 마르틴 루터(Martin Luther) 역시 로마서를 연구하면서 종교개혁의 기본 교리와 확신을 얻었다. 수도원에서 의롭게 살려고 노력하며 죄와 씨름하던 어느 날, 그는 하나님의 의(義)에 대한 명확한 해답을 찾았다. 행위가 아니라 믿음으로 의로워지는 진리를 로마서에서 찾게 된 것이다. '하나님의 의'는 하나님이 의로우시다는 개념 외에도 은혜와 긍휼을 통해 예수 그리스도를 믿는 자들에게 값없이 주시는 선물이라는 사실을 깨닫게 된 루터는 다음과 같이 말한다.

"나는 그때 나 자신이 다시 태어난 것을 느꼈다. 마치 문을 열고 낙원으로 들어간 기분이었다. 성경 전체가 새로운 의미를 지니게 되었다. 과거에는 '하나님의 의'가 내게 증오를 일으켰으나 이제는 그것이 말할 수 없는 큰사랑으로 내게 부딪쳐 왔다. 바울이 말한 이 구절이 내게는 천국으로 통하는 길이 되었다."

루터가 로마서를 통해 종교개혁의 근본 원리와 동기를 발견한 것이 개신교 신앙의 출발점이 되었고, 그 뒤를 잇는 모든 종교개혁자들의 사상적 기반이 되었다.

로마서가 성경의 다른 책들 속에 없는 특별한 교리를 가르치는 것은 아니다. 다만 기독교 교리 중 핵심 요소들을 요약 형태로 제시함으로써 예수 그리스도의 복음을 체계적으로 이해할 수 있게 만들어 주는 것이다.

로마서는 어느 특정한 사람들에게만 필요한 책이 아니다. 처음 기독교의 기본 진리를 알고 믿는 이들에게는 초보적인 교리를 알려 주고 있다. 즉 믿음이란 무엇이고 왜 믿어야 하는가, 또 어떻게 믿을 것인가에 대한 실질적이고 구체적인 복음을 논리적으로 설명하고 있다.

뿐만 아니라 로마서는 이미 기독교에 대해 잘 알고 있다고 생각하는 이들에게 도전을 주고 그 삶을 변화시키는 책이다. 바로 존 웨슬리(John Wesley)의 생애가 이를 입증하고 있다. 영국 성공회 사제로서 미국에 선교사로 나갔다가 실패하고 돌아온 그는, 1738년 5월 24일 런던의 올더스게이트 거리에서 열리고 있는 모라비안 집회에 참석해서 어떤 사람이 루터의 로마서 주석 서문을 읽는 것을 듣게 된다. 이때 웨슬리의 마음이 이상하게 뜨거워졌고 모든 죄에서 해방되는 느낌을 받았다. 이것이 유명한 웨슬리의 올더스게이트 체험이다.

로마서에는 기독교의 기본이 되는 거의 모든 교리가 들어 있다. 믿음과 죄에 대한 정의를 내리고, 죄가 어떻게 인간 세계에 들어와서 영향을 미치고 있으며, 어떻게 죄를 이길 수 있는가를 설명한다. 또한 그리스도인으로서 승리하는 신앙생활을 할 수 있는 비결을 들려준다. 수많은 역사적 인물들의 생애를 변화시킨 이 책에는 바로 우리의 삶도 바꾸어 놓을 강력한 힘이 있다. 우리는 우리 삶 가운데 혁명을 일으키실 하나님을 믿고 기대하면서 로마서를 읽는 믿음이 필요하다.

# 1

# 하나님의 심판 아래
# 놓인 세상 <sup>롬 1:1~3:20</sup>

# 1

# 하나님의 심판 아래 놓인 세상 롬 1:1~3:20

# 1

# 하나님의 심판 아래 놓인 세상 롬 1:1~3:20

- 복음으로 변화된 삶
- 복음을 부끄러워하지 아니하노니
- 복음의 핵심
- 이방인들을 향한 거룩한 분노
- 선하게 살면 구원받을까?
- 축복을 누리지 못한 유대인들
- 세 가지 궤변
- 우리 모두 죄인이다

## :: 복음으로 변화된 삶 1:1~15

> 나는 내가 가진 것을 얼마나 포기하고 버렸는가? 바울처럼 세상에서 자기에게 유익하던 것들을 배설물처럼 여기는가? 아니면 롯의 아내처럼 두고 온 것이 너무 아까워 뒤돌아보고 있는가?

바울은 당시 로마인과 그리스도인들이 쓰던 인사말 형식으로 편지를 시작하고 있다. 즉 "갑이 을에게 문안합니다"의 형식이다. 사도행전 15장 23절과 23장 26절에서도 전형적인 인사말을 찾아볼 수 있는데, 바울은 그런 형식에 신학적, 기독교적인 요소를 더하여 새로운 신약 서신의 양식을 보여 주고 있다.

바울은 자신을 예수 그리스도의 종이라고 소개하고 있다. 이것은 '사울'(큰 자)이란 이름에서 '바울'(낮은 자)이란 이름으로 바뀐 것과 조화를 이루고 있다. 사도행전은 13장 9절까지 사울이란 이름을 쓰고 있는데, 사울은 히브리식 이름이다. 바울은 로마식 이름으로 이방인들을 대할 때 썼다.

바울은 자신을 소개하면서 사도직은 복음 전파를 위한 것이라고 설명하고 있다. 그는 이를 위해 자신의 생애가 180도 바뀌었다고 증언하며 복음의 주인공인 예수 그리스도를 소개하기 시작한다.

로마서 1장 8절부터 15절까지는 복음을 위한 바울의 열정을 나타내고 있다.

사람은 어느 정도 변할 수 있을까? 예수 믿고 신앙생활을 열심히 하는 사람들 중에도 이 질문에 대해서는 회의적으로 생각하는 사람이 많다. 예수 믿으면 구원 얻고 천국 간다는 사실에는 동의한다. 하지만 행동이나 생활에 큰 변화가 생기는 것은 그리 흔하지 않다고 말한다.

그러나 바울의 생애를 보면 이러한 생각이 얼마나 잘못된 고정관념인지 알 수 있다. 바울은 전혀 만난 적도 없는 로마교회 교인들을 위해 기도했다. 신자들치고 기도하지 않는 사람이 있을까? 하지만 그의 기도는 보통 겉치레나 형식만 갖춘 기도가 아니었다.

"먼저 내가 예수 그리스도로 말미암아 너희 모든 사람에 관하여 내 하나님께 감사함은 너희 믿음이 온 세상에 전파됨이로다"(1:8). 바울은 '내 기도에 쉬지 않고 너희를 말하며'라고 하며, 자기 자신에 대해 '하나님이 나의 증인'이라고 자신 있게 말하고 있다(1:9).

이처럼 바울은 한 번도 보지 못한 사람을 위해 기도할 뿐 아니라, 한 번 만난 사람이나 전도하고 양육한 사람들을 위해서도 간절히 울면서 기도하고 있다. 바울의 변화된 모습은 그의 생활 자세 속에 나타나 있다.

세상에 어느 누가 자신이 가진 모든 것을 내버리고 나쁜 것을 가지겠는가? 인간이 아등바등 싸우는 이유는 좀 더 좋은 직장, 좀 더 많은 돈, 좀 더 나은 배우자를 구하겠다고 그러는 것 아닌가? 경쟁 업체에서 연봉을 조금 더 주겠다고 하면 오랫동안 일해 오던 직장을 하루아침에 등지는 것이 세상인심 아닌가?

그런데 바울은 정반대로 행동하고 있다. 지금까지 가지고 있던 모든 특혜를 다 버렸다. 그냥 버린 정도가 아니고 배설물처럼 더러운 것으로 여기며 뒤도 안 보고 떠나간 것이다. 아무 이익도 없다. 장래의 보장은 더더욱 없다. 안정성도, 명예도, 보수도 없는 복음 전파를 위해 모든 것을 아무 미련 없이 버린 것이다.

나는 내가 가진 것을 얼마나 포기하고 버렸는가? 바울처럼 세상에서 자기에게 유익하던 것들을 배설물처럼 여기는가? 아니면 롯의 아내처럼 두고 온 것이 너무 아까워 뒤돌아보고 있는가? 바울은 자신이 믿는 예수가 어떤 분인지 분명히 알았기 때문에 세상에서 얻은 모든 것을 버리고 예수 그리스도를 택했다(빌 3:8). 온 세상을 창조하고 다스리시던 분이 피조물이 되어 이 세상으로 내려오신 사건의 의미를 아는 자만이 바울처럼 참으로 변화된 모습을 선택할 수 있다.

그는 가졌던 것을 다 버렸을 뿐 아니라 수많은 빚까지 짊어졌다. 그는 이렇게 고백한다. "헬라인이나 야만인이나 지혜 있는 자나 어리석은 자에게 다 내가 빚진 자라"(롬 1:14). 얼마나 바보 같은 말인가? 어떻게 빚진 것도 없으면서 이 세상 모든 사람에게 빚을 졌다고 할 수 있을까? 베스도가 "바울아 네가 미쳤도다 네 많은 학문이 너를 미치게 한다"(행 26:24)라고 말한 것이 전혀 이상하지 않다.

이것이 바로 예수 그리스도를 만난 후 바울에게 일어난 변화다. 그는 미치려고 노력한 적이 없다. 아무 죄도 없이 자기를 철저하게 부인하고 세상 죄를 다 짊어지신 주님을 따르는 자들이 주님처럼 살고 있지 않은 것이 오히려 이상한 일이다. 바울은 절규한다. "그러므로 나는 할 수 있는 대로 로마에 있는 너희에게도 복음 전하기를 원하노라"(롬 1:15). 이것이 바로 사도 바울이 로마서를 기록한 이유이고, 로마교회를 방문하려는 목적이다.

지금도 주님은 찾고 계신다. 세상은 참으로 주님을 만나서 변화되고 주님을 위해 미친 자들을 향해 지금도 부르짖고 있다. "누가 우리에게 와서 복음을 전해 줄 것인가?"

::

## 깊이 읽기 _ 그리스도인의 정체성

로마서 본문에는 세 가지의 각각 다른 부르심이 제기되고 있다. 첫째 부르심은 하나님이 바울을 사도로 부르신 것이다. 하나님은 바울에게 복음을 전하라는 특별한 소명을 주셨다. 모든 성도에게도 땅 끝까지 복음을 전하라는 소명이 주어졌다. 이런 의미에서 우리는 작은 사도라 할 수 있다. 둘째 부르심은 그리스도의 것으로 부르신 것이다. 우리의 주인이 바뀐 사건이다. 셋째 부르심은 우리를 성도로 부르신 것이다. 이 부르심은 우리가 하나님의 사랑을 받은 표가 된다.

복음은 미리 선지자들에 의해 약속된 것이고, 그 중심 주제는 하나님의 아들 예수 그리스도이다. 하나님이 그 아들을 메시아로 보내 주신다는 약속과 그 약속이 성취되었음을 증언하기 위해 바울과 우리는 부르심을 받았다. 하나님이 우리를 부르신 가장 중요한 목적은 거룩한 삶을 살게 하기 위해서다. 본문 말씀은 예수 믿는 모든 사람을 '성도'로 부르고 있다. 우리는 이 부르심에 합당한 삶을 살아야 한다.

바울은 로마 교인들을 한 번도 만난 적이 없다. 그럼에도 그는 그들을 위해 항상 기도에 힘쓴다고 했다. 뿐만 아니라 그들에 대한 깊은 관심을 가지고 만나고 싶어 하는 자신의 마음을 직접 표현하였다. 그들은 서로 만나지는 못했지만 그리스도의 이름에 힘입어 한 몸으로 연결되었다. 서로 기도해 주고 관심을 갖는 것은 모든 신자에게 필요한 가장 기본적인 삶의 자세다.

바울에게는 로마 교인들을 꼭 만나야 하는 분명한 이유가 있었다. 자신이 가지고 있는 신령한 은사를 나누어 주기 위해서다. 하나님이 주신 은사들을 나눌 줄 아는 사람은 참된 복을 누리는 사람이고, 간직만 하고 있는 사람은 세상에서 제일 불쌍한 사람이다. 신자의 눈에는 항상 다른 사람들의 필요가 보여야 한다. 그러면 자신도 다른 사람에게서 안위함을 받게 된다. 나는 얼마나 다른 사람들을 만나고 싶어 하는가? 그들에게 나누어 줄 신령한 은사를 가지고 있는가?

바울이 모든 사람에게 지고 있는 사랑의 빚은 우리 모두가 예수 그리스도에게 지고 있는 것이다. 우리를 위해 십자가에서 죽으신 그 사랑의 빚을 다 갚을 방법은 없다. 그러나 우리는 할 수 있는 한, 복음을 전파하라는 주님의 말씀에 순종함으로써 그 빚을 갚아 나가야 한다. 하나님이 성령님을 통해 모든 성도에게 주신 신령한 은사들을 우리가 나누어 주면 줄수록 하나님은 우리에게 차고 넘치게 복을 내려 주신다.

::
# 복음을 부끄러워하지 아니하노니 1:16~17

십자가의 도가 거리끼는 것으로 여겨지지 않고 오히려 자랑스럽게
여겨지는 것은 순전히 은혜의 사건이다. 오직 하나님으로부터 들을
수 있는 귀를 받은 자들만이 복음의 귀중함을 깨달을 수 있다.

"내가 복음을 부끄러워하지 아니하노니 이 복음은 모든 믿는 자
에게 구원을 주시는 하나님의 능력이 됨이라 먼저는 유대인에게요
그리고 헬라인에게로다 복음에는 하나님의 의가 나타나서 믿음으
로 믿음에 이르게 하나니 기록된 바 오직 의인은 믿음으로 말미암
아 살리라 함과 같으니라"(롬 1:16~17). 이 말씀은 로마서 전체의 요
절이자 바울 사도의 핵심적인 신앙고백이다. 복음을 부끄러워하지
않는다는 말은 복음을 자랑스럽게 여긴다는 의미도 되지만, 한 번
더 생각해 보면 복음에는 사람들이 부끄러워할 만한 요소도 포함되
어 있음을 알 수 있다.

바울은 제3차 전도여행 시기에 쓴 고린도전서에서 복음을 '십

자가의 도'로 표현하며 사람들이 이를 부끄럽게 여길 수 있음을 보여 주었다. 멸망하는 자들, 복음을 믿지 않는 자들에게 십자가의 도는 미련한 것으로 보이기 때문이다(고전 1:18). 당대의 유대인들은 신비로운 표적을 구하고 있었다(고전 1:22). 그들에게는 십자가의 도를 믿는 것이 가장 거리끼는 일이었다. 왜냐하면 그들이 이해하기로는 나무에 달려 죽은 사람은 모두 하나님께 저주를 받은 자인데(신 21:23), 그런 예수를 구세주라고 믿는다는 것은 도무지 이해가 되지 않는 행위였기 때문이다.

또한 지혜를 최고 미덕으로 여기던 헬라인들(모든 이방인을 대표하는 이들)이 생각하기에 십자가의 도는 가장 미련한 사람들이 믿는 것이었다(고전 1:23). 왜냐하면 십자가 형벌은 가장 흉악한 범인에게만 내려지던 것이며, 그 당시 로마의 법 집행은 현대에 못지않게 공정했기에(오늘날의 법 제도는 많은 부분이 로마법에 기원을 두고 있다), 십자가에서 처형된 흉악범을 믿는다는 것은 그들이 보기엔 가장 멍청한 바보짓이 아닐 수 없었다.

이처럼 십자가에 달려 죽으신 예수님을 하나님께 저주받은 자, 세상에서 가장 흉악한 범죄자로 생각하는 사람들에게는 그것을 전파하는 복음은 미련한 것이고 거리끼는 것이었다(고전 1:23). 이런 십자가의 도가 미련하거나 거리끼는 것으로 여겨지지 않고 오히려 자랑스럽게 여겨지는 것은 순전히 은혜의 사건이다. 오직 하나님으로부터 볼 수 있는 눈을, 들을 수 있는 귀를 받은 자들만이 복음의 귀중함을 깨달을 수 있다. 로마서에는 바울을 포함하여 이런 자들의 특징을 나타내는 표현으로 '택정함'과 '부르심을 받음'이란 단어가 사용되고 있다(롬 1:1, 7).

택정함과 부르심을 받은 자들만이 복음을 믿을 수 있고, '모든 믿는 자에게' 복음은 '구원을 주시는 하나님의 능력'이 된다(1:16). 따라서 당연히 믿는 자들은 복음을 부끄러워하지 않는다. 오히려 자랑스럽게 생각한다.

복음을 믿는 자들에게는 이 세상에 있는 다른 어떤 것도 자랑할 만한 것이 못 된다(빌 3:7~8, 갈 6:14). 복음에 굳게 붙잡힌 사람은 사도 바울처럼 복음 외에는 어떤 것도 가치가 없다고 고백하게 될 것이다. "내가 너희 중에서 예수 그리스도와 그가 십자가에 못 박히신 것 외에는 아무 것도 알지 아니하기로 작정하였음이라"(고전 2:2).

## :: 깊이 읽기 _ 십자가의 기적

십자가는 고대에 흉악범을 처벌하던 형벌 도구이다. 흉악범으로 죽은 죄수를 구세주로 믿는다는 것은 그리스–로마 사람들에겐 어리석은 일이었다. 유대인들은 하나님께 저주받은 죄인이 메시아가 될 수 없다고 여겨 십자가의 도를 받아들일 수 없었다. 이는 한 가지만 알고 그 속에 담긴 또 다른 진실을 모를 때 생기는 오해다. 오늘날에도 이와 같은 오해가 일어난다.

주님이 십자가에서 죽으신 것이 하나님의 구원 계획의 깊은 신비임을 알게 될 때 십자가는 자랑스러운 것이 된다. 따라서 십자가는 기적을 구하는 유대인에게는 하나님의 가장 큰 능력이며, 지혜를 사모하는 헬라인에게는 가장 뛰어난 하나님의 지혜이다.

하나님의 의는 세상적인 의와 전혀 다르다. 그 신비로운 능력과 지혜가 십자가 사건에 계시되었다. 인간이 도저히 알 수 없는 신비로운 사건인 예수 그리스도의 십자가를 통해서 밝히 드러난 것이다. 문제는 하나님이 하시는 일을 믿는가, 거절하는가에 달려 있다. 믿음은 하나님이 의롭다고 인정하시는 유일한 하나님의 방법이다. 십자가를 조금이라도 부끄러워하는 사람은 아직 복음을 깨닫지 못하고, 예수님을 믿지 못하는 사람일 수도 있다.

# :: 복음의 핵심 1:16~17

> 믿음은 천국에 가기 위한 부적도 아니고 기차표도 아니다. 믿음은 하나님이 우리에게 주신 말씀, 특히 모든 약속을 받아들이는 우리의 '자세'이다. 믿음은 계속되는 것이고 자라나야 하는 것이다.

로마서 1장 17절에서 사도 바울은 복음의 핵심을 가장 명확하게 표현하였다. 그것은 '믿음으로 믿음에 이르게 하는' 하나님의 의다. 하나님의 의는 두 가지 의미를 지닌다. 첫째는 하나님이 의로우시다는 것이고, 둘째는 예수 믿는 자가 의로워지는 것이다(3:26). 믿음으로 믿음에 이른다는 의미는 하나님의 신실하심이 사람의 믿음으로 이어지는 것, 혹은 처음 믿기 시작할 때의 낮은 믿음에서 더 높은 믿음으로 성장하는 것으로 이해하기도 한다.

그러나 더 널리 인정되는 해석은 처음에 믿음으로 시작하여 끝까지 초지일관 믿음에 이르는 신앙생활을 하는 것으로 이해하는 것이다. 영어성경(NIV)은 이 견해를 따라 이렇게 번역했다. 'by faith from first to last.'

어느 의미로 이해하든지 항간에 잘못 이해되고 있는 믿음에 대한 오해는 바로잡아야 한다. 즉 많은 그리스도인이 믿음을 정적으로 혹은 한 번에 끝나는 완료형으로 이해하고 있는데, 이는 극히 잘못된 것이다. 믿음은 천국에 가기 위한 부적도 아니고 기차표도 아니다. 믿음은 하나님이 우리에게 주신 말씀, 특히 모든 약속을 받아들이는 우리의 '자세'이다. 믿음은 계속되는 것이고 자라나야 하는 것이다(벤후 1:5~11 참조).

이 의미는 바울이 인용한 하박국 2장 4절의 "의인은 그의 믿음으로 말미암아 살리라" 하는 말씀에 잘 나타나 있다. 신약성경은 물론 구약성경에서 말하는 믿음의 의미는 하나님이 주신 약속을 의심 없이 든든히 붙잡고 서서 믿는 자답게 흔들림이 없이 성실하게 살아가는 것을 의미한다. 이런 의미로 볼 때 바울의 이신칭의(以信稱義) 교리와 야고보 사도의 행동하는 믿음 사이에는 어떠한 차이도 발견되지 않는다.

로마서 1장 18절부터 3장 20절은 죄와 심판에 관한 내용을 다루고 있다. 바울은 여기서 복음이 왜 필요한가를 보여 주고 있다. 기독교를 믿지 않는 사람들 중에 기독교 교리를 병 주고 약 주는 교리라고 말하는 사람들이 있다. 즉 있지도 않은 인간의 죄를 만들어 놓고 죄를 용서해 주겠다는 것이란다.

사실 자신이 죄인이란 사실을 깨닫기 전에는 어떤 사람도 절대로 그리스도인이 될 수 없다. 그래서 사도 바울은 모든 인간이 죄인이란 사실을 길게 설명하고 있다. 인간들은 모두 제 잘난 맛에 살고 있다. 예수를 믿지 않는 사람 중에 자기가 죄인이라고 생각하는 이는 드물다. 만일 누가 자신을 죄인이라고 인정한다면 절반 정도는 이미 예수 믿을 준비가 된 것이다. 바울 사도는 그들을 감싸고 있는 착각의 껍질을 한 겹씩 벗겨 나가고 있다.

## :: 깊이 읽기 _ 입이 열 개라도 핑계 못 한다

절대로 죄를 용납할 수 없는 하나님의 속성은 인간의 불의와 불경건에 대해 진노하신다. 하나님의 진노가 나타난 것과 하나님의 의가 나타난 것은 동일한 사건으로, 예수 그리스도께서 성육신하신 사건을 말한다. 그리스도의 탄생은 믿는 이에게는 하나님의 의가 계시된 사건인 동시에 믿지 않는 사람에게는 심판의 진노가 계시된 사건이다.

하나님의 모습은 그분이 만드신 만물에 자연스럽게 나타나 있다. 그분의 손길이 닿은 곳에 그분의 체취가 담겨 있는 것이다. 그러므로 하나님이 만드신 대자연을 보며 살아가는 인간이 하나님에 대해 모른다고 변명하는 것은 자기기만일 뿐이다. 그러나 자연계시만 가지고는 예수님을 통해 구원 얻는 복음을 알 길이 없다. 그래서 복음 전파가 요구되는 것이다.

하나님이 인간을 창조하신 목적은 하나님을 경배하고 피조물을 정복하고 다스리게 하는 데 있다. 그러나 타락한 인간은 그 위치를 바꾸어 놓았다. 섬겨야 할 하나님은 무시하고, 다스려야 할 '사람과 새와 짐승과 기어 다니는 동물'을 우상으로 만들어 섬기고 있다. 진화론은 인간을 하나님의 형상에서 짐승의 형상으로 바꾸어 놓은 사탄의 작품이다. 인간을 포함한 그 어떤 것도 하나님 자리에 두지 말라. 인생의 제일가는 목적은 하나님께 영광을 돌리고 그분을 영원히 즐거워하는 것이다.

:: 
# 이방인들을 향한 거룩한 분노 1:18~32

하나님께 징계를 받는 것은 아직 희망이 있다는 증거다. 징계 받는 것보다 더 무서운 것은 하나님께 버림받는 것이다. 그들에게는 영원한 지옥의 형벌이 기다리고 있을 뿐이다.

로마서 1장 18~32절은 이방인의 죄에 관한 내용을 다루고 있다. 제일 먼저 바울은 세상 사람들의 기준으로 보아도 바르지 못한 부도덕한 사람들이나 당시 잘못된 철학과 도덕 기준을 가지고 방탕하게 살고 있는 사람들에게 진실을 보여 주고 있다. 그들의 추한 모습을 들추기 전에 먼저 제멋대로 살면서 의기양양한 그들에게 하나님의 분노의 심판이 임했음을 선언하고 있다(1:18). 이 진노는 하늘 아래 있는 모든 이에게 나타나는 공의로우신 하나님의 속성이다. 그러나 하나님은 무작정 화풀이하듯이 분노하시지 않는다.

바울은 그 분노의 원인이 '사람들의 모든 경건하지 않음과 불의에 대한 것'임을 나타내고 있다. 상대방이 아무 잘못도 없는데 화를 내는 분노는 비겁한 분노다. 하지만 분명히 잘못된 일에 대해 내리는 진노는 공의의 분노다. 그렇게 분노할 자격이 있는 분은 하나님 한 분밖에 없다. 이런 분노가 바로 인류에게 내려진 하나님의 분노다. 이 세상에 죄인이 아닌 사람은 하나도 없고, 또 몰라서 그랬다고 핑계할 수도 없다(1:20, 2:1).

이방인들이 하나님의 진노 대상이 되는 몇 가지 이유가 있다. 첫째, 그들의 행위 속에 경건하지 않음과 불의가 꽉 차 있기 때문이다. 둘째, 그들이 하나님의 계시를 무시하기 때문이다. 몰라서 짓는 죄는 알면서 짓는 죄보다는 좀 덜 부끄러울 것이다(눅 12:48). 그러나 이방인들이라 해도 핑계할 여지는 없다. 하나님이 대자연 속에 자신을 분명히 계시하셨기 때문이다(롬 1:19~20).

어떤 부자가 정성껏 맛있는 음식을 준비해 놓고 사람들을 초대했다. 참석한 사람들 중 어떤 이들은 음식은 먹지도 않고 말도 안 되는 엉뚱한 것으로 시비를 걸고 불평불만만 늘어놓았다. 그런가 하면 또 어떤 이들은 음식은 맛있게 잘 먹으면서도 불평만 했다. 더 괘씸한 사람들은 잘 먹고 신나게 놀다가 주인을 뻔히 알면서도 고맙다는 말 한마디 없이 떠나간 이들이다.

그런데 이들보다 훨씬 더 못된 사람들이 있다. 주인을 옆에 두고 아랑곳하지도 않은 채 그 집 하인들이나 엉뚱한 사람들에게 고맙다고 사례하고 인사치레하며 온갖 호들갑을 떠는 사람들이다. 그 주인의 심정이 어떠할까?

이와 비슷한 일이 실제로 일어났다. 하나님은 자신이 만드신 대자연 속에 분명히 하나님을 알 만한 하나님의 신성과 능력을 나타내셨다. 인간은 자연을 마음껏 즐기면서도 이 자연을 만들고 베풀어 주신 하나님께 감사 한마디 하지 않고 오히려 엉뚱한 것에 감사했다. 이것이 이방인들이 하나님의 진노 대상이 되는 세 번째 이유다. 제일 놀라운 사실은 그들이 하나님의 존재를 알면서도 그런 행위를 했다는 데 있다. 세상의 모든 언어에는 하나님, 창조주에 대한 단어가 반드시 존재한다. 그럼에도 불구하고 절대자가 아닌 엉뚱한 것을 숭배하고 있는 사람들은 더 이상 핑계할 근거가 없다.

본래 인간은 하나님의 형상을 따라 하나님의 모습대로 지음을 받았다. 인간은 당연히 자신의 원형인 하나님의 모습을 사모하며 살도록 지음 받은 것이다. 뿐만 아니라 인간은 지음을 받은 후 온 우주를 다스리라는 명령을 받았다.

그런데 인간은 창조주 하나님을 "영화롭게도 아니하며 감사하지도 아니하고"(롬 1:21), 오히려 지배하고 다스려야 할 대상인 '새와 짐승과 기어다니는 동물 모양의 우상'을 만들어 섬기는 데까지 타락해 버렸다(1:23). 그 근본 이유는 하나님을 아는 지식을 버리고, 하나님께 돌릴 영광과 감사를 자신이 가로챔으로써 그 생각이 허망해지고 미련한 마음으로 앞을 보는 빛을 잃어버렸기 때문이다(1:21).

이런 현상의 대표적인 예가 지식인들의 사고방식인 진화론이다. 진화론은 하나님의 형상인 인간을 동물의 형상으로 전락시켜 짐승처럼 사는 것이 당연한 것처럼 생각하도록 만든 사탄의 궤계이다. 진화론을 믿는 사람일수록 자신이 똑똑하다고 생각한다. 하지만 지혜의 근원이신 하나님을 버린 자들은 스스로 지혜 있다 하나 실은 어리석은 자들이다(1:22).

하나님을 부인하고 하나님의 영광 대신 우상과 피조물을 더욱 경배하는 자들에게 내린 하나님의 진노는 그들을 더러운 욕심에 그냥 내버려 두는 것이다(1:24, 26, 28). 이는 하나님이 무능해서가 아니라 그들이 죗값을 받도록 하거나, 아니면 그들이 회개하고 돌아오기를 기다리시는 것이다. 사실 하나님께 징계를 받는 것은 아직 희망이 있다는 증거다. 징계 받는 것보다 더 무서운 것은 하나님께 버림받는 것이다. 그들에게는 영원한 지옥의 형벌이 기다리고 있을 뿐이다.

더러운 욕심을 대표하는 첫 번째 죄로는 성적인 문란을 들 수 있다. 당시 거의 모든 우상숭배는 성적인 문란함을 동반했다. 풍요와 다산을 기원하는 종교 의식의 일환으로 성전 창기들과 음행을 일삼았던 것이다. 인간이 하고 싶은 대로, 정욕대로 살게 두면 결과는 자기 자신을 더럽힐 뿐더러 다른 사람의 몸까지 더럽히는 결과를 낳는다. 자기 욕심대로 살면서 죄를 짓는 삶은 멸망을 자초하는 것이다. "음행을 피하라 사람이 범하는 죄마다 몸 밖에 있거니와 음행하는 자는 자기 몸에 죄를 범하느니라"(고전 6:18).

두 번째 부끄러운 죄는 하나님이 선물로 주신 성(性)을 비정상적인 방법으로 사용하는 것이다. 성경은 동성애를 분명히 큰 죄악으로 명시해 놓았다. 동성애는 예수님 시대는 물론이고 아브라함 시대에도 존재했다(창 19:5). 인간에게 남녀 간의 성관계를 허락하신 것은 신성한 결혼생활을 통해 하나님이 주신 교회의 신비를 이해할 수 있게 하시려는 하나님의 방법이었다(엡 5:31~33). 따라서 올바른 결혼생활과 올바른 신앙생활은 직결된다.

세 번째로 하나님이 내버려 두신 죄는 인간세계에 횡행하는 온갖 사회 범죄들이다. 인간이 위의 세 가지 죄악을 저지르게 된 근본 원인은 한 가지다. 바로 하나님께 영광과 감사를 드리지 않은 결과다(롬 1:21). 다시 말해 "하나님의 진리를 거짓 것으로 바꾸어"(1:25), 혹은 "그들이 마음에 하나님 두기를 싫어하매"(1:28) 그에 따른 당연한 결과들이 나타난 것이다.

우리는 여기서 죄가 무엇인지 그 정의를 내릴 수 있다. 하나님의 형상대로 지음 받은 인간과 본체이신 하나님과의 관계가 끊어진 상태가 바로 죄다. 하나님 없는 마음의 공백을 온갖 죄를 지어 채우려는 것이 죄의 증상들이 나타나는 근본 이유이다. 그러므로 죄를 안 짓는 최선의 방법은 하나님을 아는 지식으로 채우고(1:21, 28), 또 하나님께 영광과 감사를 돌리며 사는 것이다(1:21).

흥미로운 사실은 바울이 1장 29~31절에 기록한 온갖 죄들이 2천 년이 지난 지금도 여전히 존재한다는 사실이다. 게다가 죄를 짓는 자들은 "그들이 이같은 일을 행하는 자는 사형에 해당한다고 하나님께서 정하심을 알고도 자기들만 행할 뿐 아니라 또한 그런 일을 행하는 자들을 옳다"(1:32)고 여긴다는 사실이다. 이것은 타락한 천사, 사탄이 아담과 하와를 유혹하는 것(창 3:1~5)에서 확실하게 나타난다. 사탄은 오늘날 우리 가운데서도 그렇게 역사하고 있다.

## :: 깊이 읽기 _ 인간에게 희망이 있는가?

하나님을 경배하지 않는 인간은 온갖 더러운 정욕의 노예가 된다. 자신은 자유를 마음껏 누린다고 착각하고 있으나 실은 죄의 노예로 살고 있는 것이다. 하나님을 떠나서 사는 것 자체가 이미 심판을 받은 것이다. 하나님의 형상을 잃어버린 인간에게는 암흑만 있을 뿐이다.

하나님이 무능하거나 알지 못해서 죄짓는 인간을 방치하시는 것이 아니다. 그들이 죗값을 받고 회개할 때까지 참고 계신 것이다. 하나님의 진리를 버리고 거짓의 노예가 된 인간은 자신의 육체를 하나님을 경배하는 도구가 아니라 정욕을 충족시키기 위한 우상으로 만들어 버렸다.

어리석은 인간은 교육과 과학과 문화의 발전으로 지상낙원을 건설할 수 있을 것이라고 믿어 왔고 그렇게 가르치고 있으나, 2천 년 전에 제기된 인간의 죄악상 중에서 변화되거나 개선된 것은 하나도 없다. 인간은 시간이 지날수록 선해지기는커녕 더 악한 범죄와 교묘한 사기에 빠져들고 있다. 인간의 죄를 해결하는 방법은 하나님을 마음에 모시는 것밖에는 없다.

## :: 선하게 살면 구원받을까? 2:1~16

현재 아무 일 없이 모든 일이 다 잘 되어 간다고 해서 안심해서는 안 된다. 인간의 고집과 회개하지 않는 마음은 하나님의 진노를 쌓아 올려 지옥으로 한 걸음 더 가까이 가게 만든다.

로마서 2장 1~16절은 도덕주의자들의 죄에 관해 다루고 있다. 로마서 전체를 통해 사도 바울은 가상의 비판자를 등장시켜 문제 제기와 질문을 하고, 그것에 대해 답변하거나 반론하는 형식으로 자신의 논리를 전개해 나가고 있다. 이는 사도 바울이 많이 사용하는 수사적인 논리 전개 방법이다.

바울은 당시 로마에 큰 영향을 미쳤던 철학자 세네카(Seneca) 같은 사람들이 바울의 주장에 반박할 것을 예상하면서 쓴 것이다. 그러니까 적어도 도덕적으로 올바르게 살려고 하는 사람들이 자신은 죄를 짓지 않았으니 상관없다는 반론을 제기할 것을 예상하고 세상에서 선하게 산다고 자처하는 사람들에 대한 문제점을 전개한 것이다. 그들도 예외 없이 하나님의 진노(1:18) 아래 있다. 바울은 그 근거로 하나님의 세 가지 심판 기준을 말한다. 한 가지 명심할 사실은 이 기준들은 심판의 기준이지 구원의 기준이 아니라는 점이다.

첫째, 하나님은 진리대로 판단하신다는 것이다(2:2). 다른 사람의 잘못을 날카롭게 비난하면 할수록 자기 자신도 그 기준대로 판단을 받게 된다. 모든 인간은 다 자기 나름대로 가치 기준을 가지고 있다. 인간이 가진 착각 중의 하나는 남의 잘못을 지적하면 할수록 자신은 의로워진다는 생각이다. 그러나 인간은 남의 눈 속에 있는 티는 보면서 자신의 눈 속에 있는 들보는 깨닫지 못한다(마 7:3). 인간은 판단할 때 자기 자신을 제외시키지만, 하나님의 판단 앞에서는 어느 누구도 빠져나갈 수 없다(롬 2:3).

하나님이 지금 당장 심판하지 않으신다고 해서 겁도 없이 죄를 짓는 용감한 인간들은 하나님의 '인자하심과 용납하심과 길이 참으심이 풍성함을 멸시'하고 있는 것이다(2:4). 착각에서 깨어나라! 하나님은 한 영혼이라도 회개하고 돌아오기를 기다리고 계신다. 하나님이 무능하시거나 심판의 기준이 변한 것이 아니다. 하나님의 의로우신 심판이 반드시 나타날 것인데, 그날은 무서운 진노의 날이 될 것이다(2:5).

둘째, 하나님은 행한 대로 보응하신다는 것이다(2:6). 착각은 자유이지만 인간은 그 대가를 치러야 한다. 하나님이 악을 용납하시거나 악을 행하는 인간을 인정하시는 것이라고 착각한다면 하나님의 사랑과 공의로우신 성품을 혼동하고 있는 것이다. 현재 아무 일

없이 모든 일이 다 잘 되어 간다고 해서 안심해서는 안 된다. 인간의 고집과 회개하지 않는 마음은 하나님의 진노를 쌓아 올려 지옥으로 한 걸음 더 가까이 가게 만든다(2:5).

인간은 행한 대로 보응을 받게 되어 있다. 그런 면에서 세상에는 하나님께 받을 상급을 쌓아 놓는 자와 하나님의 진노를 저축해 두는 자가 있다. 이 원칙을 적용하는 데는 유대인과 이방인의 차별이 없다(2:7~9). 하나님의 심판 기준은 평등하며 이 원칙은 절대로 변하지 않는다(하나님의 불변성).

그러나 한 가지 기억할 것은 행위 이전에 마음가짐이 문제가 된다는 사실이다. 즉 어떤 것을 추구하고 있는가의 문제다. "참고 선을 행하여 영광과 존귀와 썩지 아니함을 구하는 자에게는 영생으로 하시고 오직 당을 지어 진리를 따르지 아니하고 불의를 따르는 자에게는 진노와 분노로 하시리라"(2:7~8). 다른 말로 하면, 좋은 나무만 좋은 열매를 맺을 수 있다는 뜻이다. 좋은 나무도 간혹 영양이 부족하면 좋은 열매를 맺지 못할 때가 있다. 하지만 아무리 양분을 많이 주어도 나쁜 나무는 나쁜 열매를 맺을 뿐이다. 열매 이전에 어떤 나무가 되느냐가 문제다.

셋째, 하나님은 예수 그리스도를 통하여 심판하신다는 것이다(2:12~16). 하나님의 심판은 아주 공정하여 심판받는 어느 누구도 핑계하거나 불평을 제기하지 못한다. 율법 없이 죄지은 자는 율법과 관계없이 망하고, 율법 아래서 죄지은 자는 율법으로 심판을 받게 된다(2:12). 율법을 가졌다는 사실만으로는 절대로 의로워질 수 없

다. 율법대로 살아야 하나님 앞에서 의롭다는 인정을 받을 수 있다
(2:13). 전혀 율법을 들어 본 일이 없는 사람에게는 양심이 심판 기
준이 된다(2:14~15). 이 양심은 모든 인간의 마음에 새겨진 개개인의
율법이다. 인간의 양심이 검사와 변호사 역할도 하고 증인의 역할
도 한다. 이 모든 일은 예수 그리스도께서 재림하실 때 이루어진다
(2:16). 예수 그리스도께서 심판주가 되실 것이며, 사람들의 은밀한
것까지 심판하실 것이다.

예수 그리스도의 심판 기준은 예수 그리스도께서 하신 말씀에
있다. 한 가지 다행스러운 일은 예수님이 이 세상에 오신 제일의 목
적은 심판이 아니라 구원에 있다는 사실이다(요 12:47). 그러나 다시
오실 때는 상황이 달라진다. 그때는 심판주로 오신다. 할렐루야! 아
직은 우리에게 복음을 믿을 기회와 전파할 기회가 남아 있다.

::
깊이
읽기 _ 하나님의 심판 기준

남을 판단하는 사람은 자신의 행위를 변명할 여지가 없어진다.
비판받지 않으려면 자신이 말한 것을 반드시 실천에 옮겨야 하기
때문이다. 따라서 말씀을 듣기만 하고 행하지 않는 자는 자신을 속
이는 것이다(약 1:22). 결국 지식이 아니라 행위가 문제이다.

하나님은 분명한 진리의 기준을 인간에게 계시하셨다. 그래서

각 사람의 행위대로 심판하신다. 누구든지 의를 추구하며 행한 자에게는 영광과 존귀로 갚아 주시고, 불의를 좇아 행한 자에게는 노와 분으로 대하신다. 하나님은 절대로 변덕을 부리지 않으신다. 그리스도를 통해서 심판하시는 것은 마땅히 멸망해야 할 자들을 구원하시고자 함이다.

하나님의 심판은 예수 그리스도를 믿기 이전의 행위에 대한 심판이기에 모든 인간에게 다 해당된다. 따라서 율법을 들어 본 적이 없는 사람도 당연히 심판대에 서게 된다. 그 사람 역시 양심을 가지고 있기 때문이다. 그러나 그리스도를 믿는 사람들은 이 심판에서 제외되는 은혜를 받는다.

# 축복을 누리지 못한 유대인들 2:17~3:8

::

> 자랑할 만한 나의 소유가 돈이나 물질, 명예나 권세일 수도 있고, 남
> 보다 더 큰 믿음일 수도 있다. 그러나 이렇게 받은 것을 하나님의 뜻
> 에 맞게 사용하지 않을 때 오히려 그것은 축복이 아닌 저주가 된다.

로마서 2장 17절부터 3장 8절은 유대인들의 죄에 관한 내용을 다
루고 있다. 하나님의 진노가 하늘로부터 나타난 것은(1:18) 하나님을
부정하며 살고 있는 이방인들에게만 해당되는 것이 아니다. 하나님
을 잘 믿는다고 자부하고 있는 유대인들에게도 적용되는 진리다.
도덕주의자들이 아무리 높은 기준으로 선을 행한다 해도 하나님의
심판을 견디지 못하는 것처럼, 유대인 역시 하나님의 심판대 앞에
서 배겨 낼 재주가 없다.

유대인들의 첫 번째 잘못은 교만과 위선의 죄다(2:17~24). 자기가
가지고 있는 특권만 내세우고 감당해야 할 의무를 소홀히 할 때 겉
만 번지르르한 위선자가 되고 만다.

예수님도 공생애 사역 중에 바리새인들과 서기관들의 교만과 위선을 적나라하게 지적하셨다(마 23 참조). 유대 민족이 구원받지 못한 제일 큰 원인이 여기 있다. 많은 것을 소유하고 특권을 누리며 사는 것은 자랑스럽고 즐거운 일이다. 하지만 그에 따르는 특별한 의무가 있음을 명심해야 한다. 자랑할 만한 나의 소유가 돈이나 물질, 명예나 권세일 수도 있고, 남보다 더 큰 믿음일 수도 있다. 그것이 어떤 것이든 간에 사람이 세상에서 받아 누리는 여러 가지 복은 하나님으로부터 받은 저마다의 몫이다(전 5:18). 그러나 이렇게 받은 것을 하나님의 뜻에 맞게 사용하지 않을 때 오히려 그것은 축복이 아닌 저주가 된다(전 5:13).

유대인들은 굉장히 많은 복을 받았다. 그들은 장자의 특권(출 4:22, 많은 민족 중에서 이스라엘을 택하심)과 하나님의 영광을 맛보았다(출 40:34). 또한 다른 민족들이 받지 못한 특별한 언약들을 받았고, 율법과 예배, 약속들을 받았다. 무엇보다도 믿음의 조상들과 그리스도께서 저들에게서 나왔다(롬 9:4~5).

유대인들은 이 많은 복을 어떻게 누렸는가? 우리는 유대인들에게서 중요한 교훈을 얻는다. 그것은 자신들이 받은 축복의 의미와 책임을 망각하고 있었다는 사실이다. 지금도 얼마나 많은 사람이 이와 똑같은 잘못에 빠져 있는가! 축복은 소유하는 것이 아니라 바르게 누릴 때 그 의미가 생긴다.

유대인들이 받은 축복 가운데 가장 큰 축복은 하나님을 아는 지식이다. 그들은 하나님을 알 수 있는 가장 유리한 위치에 있었다.

인간을 어리석게 혹은 지혜롭게 만드는 근본적인 차이는 하나님에 대한 올바른 지식에 있다. "어리석은 자는 그의 마음에 이르기를 하나님이 없다 하는도다"(시 14:1). 그런데 하나님을 알 수 있는 모든 특별계시는 유대인에게서 나왔다. 율법도, 선지자들도, 기록된 말씀 (written Word)도, 살아 있는 말씀(living Word)인 예수 그리스도도 유대인에게 위탁되었다(롬 2:17~19, 3:2, 9:4~5).

이런 엄청난 축복을 받았으면서도 유대인들은 그 축복을 누리지 못했다. 하나님의 말씀을 맡은 선택받은 민족으로서 유대인들은 자신을 안내자, 스승, 지도자라고 스스로 자부하고 있었다(2:19~20). 그러나 맡겨진 임무를 제대로 감당하지 못하는 안내자, 스승, 지도자들과 그들을 따르는 사람들의 운명을 생각해 보라. 그 결과는 불을 보듯 뻔하다. 유대인들이 지도자 위치에 있으면서도 그 직무를 수행하지 않았기 때문에 영광을 받으셔야 할 하나님의 이름이 그들의 잘못된 행위로 인하여 모독을 받게 되었다(2:23~24).

다행인 것은 유대인들이 저버린 축복이 예수 믿는 사람들에게서 완전하게 성취되었다는 것이다. 그러나 유대인들이 실패했던 것과 똑같은 실수, 즉 교만과 위선의 죄를 그리스도인들도 답습할 위험이 존재하고 있음을 반드시 기억해야 한다.

유대인들의 교만은 극에 달했다. 그들이 내세우던 특권 의식은 대단했다. 자신들을 제외한 모든 사람을 통틀어 이방인이라 부르며 차별했다. 원래 이방인의 의미는 '여러 나라들'이란 뜻인데 나중에 경멸하는 의미가 덧붙여졌다. 유대인의 특권 의식에는 타당한 면도 있으나, 그것은 구원의 과정에 관한 것으로만 제한되어야 한다. 예수님도 이 차이를 인정하고 계셨다(마 10:5~6 참조). 이방인보다 유대인에게 먼저 복음이 전파되어야 하는 것은 하나님이 정해 놓으신 순서였다. 바울 사도 역시 '이방인의 사도'란 직책에도 불구하고, 우선 유대인에게 복음을 전하고 다음에 이방인에게로 갔다(행 28:28). 로마서에서도 항상 유대인이 먼저이고 다음이 헬라인으로 순서가 정해져 있다(롬 1:16, 2:9~10).

그러나 유대인들이 이에 따르는 의무를 소홀히 하고 특권만을 내세워 교만해졌고, 또 위선의 죄에 빠지게 되었다. 알면서도 행하지 않는 죄, 남을 가르치면서 자신은 행하지 않는 죄, 남에게 해서는 안 된다고 경고하면서 자신은 도적질하고 간음을 행하는 죄, 이런 죄들이 유대인들을 걸려 넘어지게 만든 첫 번째 걸림돌이었다(2:21~23). 이방인들을 비난하고 침 뱉으면서 자신들도 똑같은 죄를 범하는 유대인들은 구원의 대열에서 제외될 수밖에 없다.

유대인들의 실패에서 그리스도인들이 배워야 할 중요한 교훈은 아는 것보다 행하는 것이 더 중요하다는 사실이다. 어찌 보면 유대인들이 걸려 넘어진 죄는 더 이상 소망이 없는 것이다. 차라리 아무 것도 모를 경우에는 차근차근 가르치면 되므로 아직 소망이 있다. 하지만 이미 다 알면서도 행하지 않을 때에는 달리 방법이 없다. 이 원칙을 히브리서 저자는 모든 믿는 이들에게 강조하고 있다.

"한 번 빛을 받고 하늘의 은사를 맛보고 성령에 참여한 바 되고 하나님의 선한 말씀과 내세의 능력을 맛보고도 타락한 자들은 다시 새롭게 하여 회개하게 할 수 없나니 이는 그들이 하나님의 아들을 다시 십자가에 못 박아 드러내 놓고 욕되게 함이라"(히 6:4~6).

들을 귀 있는 자는 이 말씀에 귀를 기울여야 한다. 예수 그리스도의 사랑의 복음, 은혜의 복음을 알면서도 전하지 않고, 주님이 맡기신 화목하게 하는 직분(고후 5:18)을 받고도 사랑의 계명을 전하지 않을 때 우리는 위선자라는 비난을 피할 길이 없다.

유대인들의 두 번째 잘못은 '의식치중죄'다(롬 2:25~29). 유대인들은 표면적 할례만 강조하고 소홀해서는 안 될 정의와 긍휼과 믿음은 저버리고 말았다(마 23:23). 유대인들은 눈에 보이는 의식들을 강조했는데, 그 중에서도 특히 할례에 집착했다. 유대교에서 개종한 그리스도인들이 "모세의 법대로 할례를 받지 아니하면 능히 구원을 받지 못하리라"(행 15:1)고 하면서 할례 받지 않은 이방인 그리스도인들을 문제 삼는 바람에 기독교 최초의 공의회인 사도회의가 서기 50년경 예루살렘에서 개최되기까지 했다.

유대인들이 할례에 대해 가졌던 오해는 할례가 주어진 역사적 배경과 그 목적을 이해하지 못한 데서 비롯된 것이다. 할례는 하나님이 아브라함과 언약을 세우면서 삼은 징표이지 할례 자체가 하나님의 약속은 아니었다(창 17:1~14).

할례의 진정한 의미는 하나님이 주신 약속을 받아들이는 믿음과 순종에 있다. 형식적인 할례는 아무 의미가 없다. 구약시대에도 신약시대와 마찬가지로 믿음으로 구원을 얻었다.

이미 오래 전에 선지자 예레미야는 할례의 문제점을 지적하였다. "여호와의 말씀이니라 보라 날이 이르면 할례 받은 자와 할례 받지 못한 자를 내가 다 벌하리니 곧 애굽과 유다와 에돔과 암몬 자손과 모압과 및 광야에 살면서 살쩍을 깎은 자들에게라 무릇 모든 민족은 할례를 받지 못하였고 이스라엘은 마음에 할례를 받지 못하였느니라 하셨느니라"(렘 9:25~26).

오늘날 그리스도인들에게도 의식치중죄의 위험이 남아 있다. 세례 의식과 성만찬 의식의 진정한 의미는 예수 그리스도께서 우리 죄를 대신해 십자가에서 피 흘려 돌아가신 역사적 사건을 믿는 데 있다. 의식보다 앞서는 것은 마음 자세다. 아는 것보다 행하는 것이 더 중요하고, 형식적으로 행하는 것보다 제대로 알고 행하는 것이 더욱 중요하다.

유대인들의 세 번째 잘못은 불신의 죄다(롬 3:1~8). 유대인들이 할례를 받고 하나님의 말씀을 맡았어도(3:1~2) 궁극적으로 믿음이 없으면 하나님의 심판을 피할 수 없다. 성경에서 말하는 믿음은 행위보다는 행동하는 자의 마음 자세를 나타내는 경우가 많다. 신실함(faithfulness)과 믿음(faith)은 같은 어원을 가진 단어다.

::
깊이
읽기 | _ 누가 진정한 하나님 자녀인가?

구원 역사에서 유대인의 역할은 특별하다. 유대인은 믿음으로 구원받는 표본으로 선택되었고, 구원의 첫 열매가 되었기 때문이다. 그러나 유대인은 여기 머물러 있어서는 안 되었다. 선택받고 구원받은 은혜에 감사하여 모든 인류의 구원을 위한 도구로 쓰임 받아야만 했다. 그런데 실망스럽게도 유대인은 이 일에 실패했다.

오늘날의 그리스도인들 역시 먼저 부름 받은 자로서 많은 특권을 지니고 있지만, 믿음이 없으면 부르심의 의미를 잃어버리게 됨을 기억해야 한다. 어떤 의식을 행하고 율법을 지키는 것으로는 구원을 이룰 수 없다. 믿음 없는 할례나 세례는 아무런 의미가 없다. 성경 지식이 많고 교회 예식에 충실해도, 믿음이 없으면 복음의 핵심을 놓치는 것이다.

진정한 유대인은 하나님의 인정을 받은 아브라함의 믿음의 자취를 따르는 자들이다. 마음속에 참된 믿음을 간직한 사람이다. 하나님은 사람의 외모를 보시지 않고 중심을 취하신다. 경건의 모양보다 더 중요한 것은 경건의 능력을 소유하는 것이다.

::
# 세 가지 궤변 3:3~8

인간은 신실하지 않지만, 하나님은 '신실하신(faithful) 하나님'이시다.
인간은 거짓되지만, 하나님은 '참되신(truthful) 하나님'이시다. 인간
은 불의한 존재이지만, 하나님은 '공의로운(righteous) 하나님'이시다.

천박한 인간들은 얕은 지혜로 하나님에 대해 궤변을 늘어놓는
다. 인간이 만든 첫 번째 궤변은 사람들이 하나님을 믿지 않으면
하나님의 신실하심도 없어질 것이란 주장이다(롬 3:3). 그러나 인간
이 하나님을 믿든 안 믿든 상관없이 하나님은 존재하시며, 하나님
의 성품은 변함이 없다. 인간은 신실하지 않지만, 하나님은 '신실
하신(faithful) 하나님'이시다. 인간은 거짓되지만, 하나님은 '참되신
(truthful) 하나님'이시다. 인간은 불의한 존재이지만, 하나님은 '공의
로운(righteous) 하나님'이시다(3:3~4).

인간이 내세우는 두 번째 궤변은 인간이 하나님께 영향을 미칠
수 있다는 생각이다. 인간이 거짓말하고 믿지 않고 불의한 덕분에

신실하시고 참되시고 의로우신 하나님의 속성이 드러나게 됐다면서, 자신들이 하나님을 하나님 되게 하는 데 공헌했다고 자랑하는 자들이 있다. 더 나아가서 그들은 그러한 자신들의 공로로 인해 하나님의 심판에서 면제되어야 한다고 주장한다. 만일 하나님이 자기들에게 진노하신다면 그것은 하나님이 잘못하시는 거라고 억지를 부린다(3:5~7). 자신들의 불의와 거짓말로 하나님의 영광을 드러냈으므로 죄를 지은 것이 아니라는 논리다. 죄인인 인간이 펼치는 논리는 죄인의 궤변일 뿐이다.

더욱 악질적인 세 번째 궤변은 악한 행위가 하나님의 영광을 드러냈으므로 자신들은 악이 아니라 선을 행한 것이라는 논리다. 그 궤변이 얻어 낸 결론은 더 많은 선을 이루기 위해서는 더 많은 악을 행하여야 한다는 주장이다(3:8). 인간이 얼마나 악해질 수 있는가를 보여 주는 억지이다.

세 번째 궤변은 오늘날에도 얼마든지 찾아볼 수 있다. 선을 이루기 위해 악을 행하자는 논리와 선한 목적을 위해 악한 수단을 이용하는 윤리 개념들이 여기에 속한다. 세계 평화를 이루기 위해 전쟁을 일으키고 살인을 서슴지 않는 공산주의나 독재 체제의 모순들은 '필요악'이란 이름으로 용납되고 있다. 하나님의 일은 아무리 좋은 의도를 가졌다 해도 올바르지 않은 방법이나 인간적인 방법, 비성경적인 방법을 사용해서는 안 된다.

## :: 깊이 읽기 _ 하나님만 홀로 참되시다

유대인이 되고 그리스도인이 된 것이 전혀 유익이 없다고 하면 잘못 생각한 것이다. 가장 큰 유익은 하나님의 말씀을 맡은 것이다. 하나님은 유대인을 통해 구약성경을 주셨고, 교회를 통해 신약성경을 주셨다. 그러나 그 특권은 말씀을 올바로 해석하고 적용하지 않으면 아무런 유익이 되지 못한다.

인간의 믿음과는 별개로 하나님은 언제나 신실하시다. 인간은 거짓되지만 하나님은 참되시다. 인간은 악을 행하지만 하나님은 공의를 행하신다. 하나님의 성품은 인간과 다르다. 인간이 하나님의 형상을 따라 창조되었으나 죄를 지음으로 인해 그 형상을 잃어버렸기 때문이다.

거짓의 아비 사탄의 궁극적인 목표는 하나님의 자리에 거짓을 두는 것이다. 사탄은 인간의 불의가 하나님의 의를 돋보이게 했으므로 인간의 악이 하나님을 도운 것이라 주장한다. 실제로 오늘날에도 하나님 은혜의 의미를 왜곡하는 많은 사람으로 인해 하나님의 사랑과 은혜가 악용되고 있다. 하나님은 인간의 악에 진노하시면 안 된다는 궤변이, 더 나아가 하나님의 선을 이루기 위해 악을 행하자는 얼토당토않은 논리가 세상에 편만하다. 사탄의 거짓 논리에 속아 넘어가지 말라. 그들은 하나님의 심판을 받을 것이다.

## :: 우리 모두 죄인이다 3:9~20

그리스도인이 자신도 죄인이라는 사실을 알고 신앙생활을 하는 것
은 매우 중요하다. 의인과 악인을 구분하는 기준은 하나님의 진리를
깨닫고 하나님을 찾는 것인데, 세상에 그런 사람은 한 명도 없다.

이방인도, 유대인도 죄인이란 말은 온 인류가 다 죄인이란 뜻이
다(롬 3:9~20). 더구나 이 말에는 바울을 비롯한 그리스도인들도 포
함되어 있다. '우리'라는 단어 속에 모든 그리스도인이 포함된 것이
다(3:9). 그리스도인들이 빠지기 쉬운 착각은 불신자들은 다 죄인이
고 자신들은 성자라고 생각하는 것이다.

로마서 3장 9~20절은 특별히 그리스도인들을 위해서 쓰인 것인
데, 이 세상에 의인은 하나도 없다는 사실을 강조한다. 이것은 이미
오래 전에 구약성경(시편과 이사야)에 기록되어 있던 사실이다. 그리
스도인이 자신도 죄인이라는 사실을 알고 신앙생활을 하는 것은 매
우 중요하다. 의인과 악인을 구분하는 기준은 하나님의 진리를 깨

닫고 하나님을 찾는 것인데, 본문은 세상에 그런 사람이 한 명도 없다고 선언하고 있다(3:10).

마르틴 루터가 한 유명한 말대로, 인간은 죄를 지어서 죄인이 되는 것이 아니라 죄인이기에 죄를 짓는 것이다. 인간들에게 특별히 죄짓는 방법을 가르쳐 주지 않아도 인간은 죄짓는 유전자를 가지고 태어난다. 인간은 목구멍으로, 혀와 입술로, 입과 손발로 자연스럽게 남을 해치고 독을 뿜어낸다(3:13~15). 그러므로 인간의 앞날에 고생과 파멸이 놓여 있는 것은 너무나 당연하다. 만일 누군가 하나님 없이 평강의 길을 가고 있다면 그것은 거짓이거나 아니면 착각하고 있는 것이다.

세상 사람들은 개인의 자유와 법 앞에 만인이 평등함을 강조하지만, 성경은 모든 인간이 죄인이란 점에서 평등하다고 강조한다. 단 한 명의 예외도 있을 수 없다. 이미 하나님이 모든 인간이 죄인임을 단언하셨기 때문이다(3:10).

이제 인간에게는 그 죄의 문제를 해결하는 것만 남아 있다. 바울은 이미 하나님의 진노가 죄인들에게 나타났다고(헬라어로는 현재 진행형으로서 하나님의 진노는 지금도 계속되고 있다. 1:18) 선언했다. 모든 인간이 죄의 대가로 하나님의 진노의 심판을 받아야 한다는 의미이다.

공평하신 하나님은 모든 인간이 죄인으로서 심판 아래 놓여 있음을 선언하셨다. 그러나 다행히도 바울이 인간의 죄 문제와 심판의 문제를 해결하는 방법을 제시하고 있다(3:21 이하). 모든 인간은 죗값으로 죽어야 한다. 인간이 자신의 행위나 노력으로 구원을 얻을 수 있는 길은 전혀 없다(3:20). 구원에 관한 한 인간은 완전히 수동적일 수밖에 없다. 율법을 주신 이유는 인간이 죄인이라는 사실을 일깨우고, 그 결과 하나님이 제시해 주시는 선물을 받아들여야 함을 가르치시기 위함이다.

죄 문제로 고민될 때마다 인간의 무력함을 다 아시고 가장 좋은 해결책을 마련해 주신 주님께 나아가자. 인간의 때 묻은 의가 아니라 예수 그리스도의 피 묻은 십자가 은혜로 죄 사함을 받을 때 죄인인 우리의 몸이 흰 눈같이, 양털같이 희어지고 하나님의 진노를 피할 수 있게 된다. 이런 복음을 듣고도 받아들이지 않는 이들에게는 다른 방법이 없다. 들을 귀 있는 자는 들으라.

::
## 깊이 읽기 _ 인간은 죄 앞에 평등하다

모든 인간은 하나같이 죄인이다. 단 한 명의 예외도 없다. 우리 한 사람 한 사람에게 이 원칙을 적용할 때 비로소 구원의 가능성이 생긴다.

인간은 행위와 말로 죄를 짓는다. 인간이 선을 행할 가능성은 희박하다. 모든 인간의 길에는 파멸과 고생이 기다리고 있다. 그 모든 원인은 '하나님을 두려워함이 없는' 데 있다.

율법으로 의로워질 수 있는 인간은 단 한 명도 없다. 이 사실을 알면서도 하나님이 인간에게 율법을 주신 이유는, 첫째 모든 인간을 심판할 수 있는 기준을 제시하기 위함이고, 둘째 인간으로 하여금 자신이 죄인임을 깨닫고 그리스도께 나아오게 하기 위함이다. 율법은 인간을 구원하기 위한 수단이 아니라 구원으로 인도하는 도구일 뿐이다.

"인간은 죄를 지어서 죄인이 되는 것이 아니라 죄인이기에 죄를 짓는 것이다"(마르틴 루터).

# 2

## 구원,
## 값없이 주신 선물 <sup>롬 3:21~5:21</sup>

- 하나님의 구원 계획
- 아브라함과 다윗의 믿음
- 첫째 아담, 둘째 아담

::
# 하나님의 구원 계획 3:21~31

예수 그리스도의 십자가는 하나님의 공의도 만족시키고 죄인인 인류도 구원할 수 있는 완전무결한 구원의 방법이다. 그리하여 누구든지 예수를 믿는 자들은 구원을 얻게 되었다.

로마서 3장 21~31절은 '믿음으로 얻는 의'에 대한 내용을 담고 있다. 인류의 미래에 희망이 있는가? 이 질문에 대해 인문주의자들은 인류의 과학 발전으로 이 땅에 지상 천국을 세울 수 있다고 대답한다. 반면에 많은 실존주의 철학자들은 인류에게 희망이 없다면서 절망 속에서 적응해 가는 법을 가르치고 있다. 그러나 성경은 이 문제에 대해 절망과 희망을 동시에 보여 준다.

지금까지(1~3장) 바울은 로마서의 대주제인 복음을 제시하기 위한 준비 작업으로 복음의 중요성을 서술하고(1:1~17), 곧이어 복음이 왜 필요한지를 설명했다. 바울은 모든 인류가 단 한 명의 예외도 없이 다 죄인이며, 준엄한 하나님의 심판 아래 놓여 있음을 선언한다(1:18~3:20). 이 사실은 온 인류에게, 특히 자신의 가능성을 믿고 최선을 다하며 살고 있는 자신만만한 인본주의적인 종교인들에게 엄청난 충격을 주는 선언이다. 이제 모든 인간은 하나님의 심판만 기다려야 한다(3:19).

인간에게는 전혀 희망이 없다. 심판의 위기를 벗어나기 위해서는 반드시 인간을 초월한 다른 존재가 필요하다. 즉 하나님으로부터 구원이 임해야 한다. 인간이 처한 곤궁에서 인간을 구원해 내기 위해 하나님이 제시하신 방법은 '하나님의 의'를 인간에게 나누어 주는 것이었다. 이것은 이미 인간의 타락과 멸망의 운명까지 미리 보신 하나님이 오래 전부터 "율법과 선지자들에게 증거"(3:21)해 주신 인간 최대의 소망의 사건이다. 바로 "예수 그리스도를 믿음으로 말미암아 모든 믿는 자에게 미치는 하나님의 의"(3:22)가 그것이다. 인간에게는 없고 예수 그리스도 안에만 있는 구원을 하나님이 선물로, "은혜로 값 없이"(3:24) 주셨다. 죄인인 인간이 이 선물을 얻기 위해서는 믿음이 필요하다.

로마서의 대주제인 믿음으로만 얻을 수 있는 하나님의 의는 하나님의 성품과 인간 구원과의 관계를 매우 잘 나타내고 있다. 하나님은 공의의 하나님이시기에 죄인인 인간을 멸망시키셔야만 한다. 단 한 명도 예외 없이 전 인류를 정죄하고 심판하셔야 한다. 그러나 하나님은 또한 사랑이시기에 "오래 참으사 아무도 멸망하지 아니하고 다 회개하기에 이르기를"(벧후 3:9) 원하신다.

여기서 하나님의 공의도 만족시키고 하나님의 사랑도 만족시킬 수 있는 하나님의 구원 계획이 나왔다. 바로 예수 그리스도의 십자가 사건이다. "예수를 하나님이 그의 피로써 믿음으로 말미암는 화목제물로 세우셨으니"(롬 3:25). 예수 그리스도의 십자가는 하나님의 공의도 만족시키고 죄인인 인류도 구원할 수 있는 완전무결한 구원의 방법이다. 그리하여 누구든지 예수를 믿는 자들은 구원을 얻게 되었다. 이처럼 죽을 수밖에 없는 전 인류에게 구원이 선물로 주어진 것이 바로 복음이다. 이것은 "영세 전부터 감추어졌다가 이제는 나타내신 바 되었으며 영원하신 하나님의 명을 따라 선지자들의 글로 말미암아 모든 민족이 믿어 순종하게 하시려고 알게 하신 바 그 신비의 계시를 따라 된" 것이다(16:25~26).

새롭게 계시된 구원의 길, 믿음으로만 의로워질 수 있다는 '믿음의 법'(3:27)은 인간의 머리로는 깨달을 수 없는 신비이다. 그런데 이렇게 쉽고 간단한 믿음의 법이 오히려 많은 사람이 예수를 믿고 구원 얻게 하는 길에 걸림돌이 되고 있다. 어떻게 믿음으로만 구원을 이룰 수 있는지 사람들이 믿지 못하는 것이다.

기독교를 제외한 거의 모든 종교는 인간의 행위와 노력으로, 선행으로 구원 얻을 수 있다고 가르친다. 간혹 믿음으로 구원 얻는다는 개념을 사이비 종교에서 찾아볼 수 있기는 하지만, 로마서가 말하고 있는 공의와 사랑이 결합된 '믿음의 법'과는 많은 차이가 있다. 사이비 종교에서 말하는 믿음은 진노한 신을 달래기 위한 뇌물 같은 것이다. 기독교가 말하는, 인간이 치러야 할 죄의 대가를 하나님 자신이 대신 치르는 십자가 사건과는 거리가 먼 것이다.

## :: 깊이 읽기 _ 그러나 하나님은 하실 수 있다

이론적으로 볼 때, 인간이 의로워지는 방법은 율법을 완벽히 지켜서 거룩해지는 것이다. 대부분의 종교와 도덕, 윤리가 이 방법을 선택하고 있다. 그러나 이것은 실현 불가능한 일이다. 왜냐하면 모든 사람이 죄인이기 때문이다.

인간에게 불가능한 일을 하나님이 특별한 선물로 해결해 주셨다. 누구든지 믿기만 하면 누릴 수 있는 가장 논리적이고 이성적이며 쉬운 방법이다. 하나님 자신이 인류의 죄를 십자가에서 대신 지심으로써 하나님의 공의도 만족시키고 인간을 사랑하시는 하나님의 성품도 드러내신 방법이다.

하나님은 처음부터 믿음에 의해서 구원 얻는 방법만을 제시하셨다. 유대인을 부르신 것도, 할례 의식을 정하신 것도, 심지어는 율법을 주신 것도 믿음의 법을 확정시키기 위한 구원 계획의 하나였을 뿐이다. 우리는 초지일관 믿음으로만 인간을 구원하시는 한 분 하나님을 모시고 있다.

십자가는 공의의 하나님과 사랑의 하나님의 성품이 만나고 충족되는 우주의 신비로운 접점이다. 사랑과 공의는 우리 모두의 궁극적인 삶의 목표가 되어야 한다.

::
# 아브라함과 다윗의 믿음 <sub></sub>4:1~25

인간의 노력과 수고가 전혀 소용없게 되었을 때, 인간이 막다른 골목
에서 모든 것을 포기할 때, 비로소 하나님은 우리 안에서 제대로 역
사하실 수 있게 된다.

로마서 4장 1~25절은 구약성경에 나타난, 믿음으로 의로워지는
예를 보여 주고 있다. '믿음의 법' 개념은 이미 구약성경에 계시되어
있었음에도 불구하고 이 개념을 이해하고 있는 유대인들은 극히 소
수에 불과했다. 따라서 바울 당시 유대인들에게 '믿음으로만 구원
얻는다'는 개념은 낯선 것이었다. 그들은 구약에서 추구하고 있는
구원의 길과 예수님이 열어 주신 구원의 길이 같은지 다른지를 놓
고 문제를 제기했다. 결국 유대인들은 예수 그리스도를 믿는 것 외
에 모세가 전한 할례와 율법을 다 준수해야 구원을 얻을 수 있다고
생각하여, 구원의 복음을 율법화시키고 잘못된 가르침을 전했다(행
15:1). 그래서 사도 바울이 구약의 성도들도 예외 없이 행위가 아니

라 믿음으로 구원받았음을 로마서 4장에서 중점적으로 다루고 있는 것이다.

유대인들에게 가장 설득력 있는 인물은 아브라함과 다윗 왕이다. 아브라함은 유대인의 조상일 뿐 아니라 메시아의 조상이기 때문이다(마 1:1 참조). 그런데 바로 이 아브라함도 행위가 아닌 믿음으로 하나님 앞에서 의로워졌음을 성경은 분명히 말하고 있다.

하나님은 아브라함이 그 어떤 일도 하기 전에 단순히 하나님이 주신 약속을 믿은 것을 그의 의로 인정해 주셨다. "아브라함이 하나님을 믿으매 그것이 그에게 의로 여겨진 바 되었느니라"(롬 4:3, 창 15:6 참조). 이것은 아브라함이 할례 받기 훨씬 전의 일이었다. "그가 할례의 표를 받은 것은 무할례시에 믿음으로 된 의를 인친 것"(롬 4:11)이다. 이 과정을 통해 아브라함은 할례 받은 유대인의 조상이 될 뿐 아니라 할례 받지 않은 이방인들 중 "아브라함이 무할례시에 가졌던 믿음의 자취를 따르는 자들"(4:12)의 조상이 된 것이다. 바로 이 사실을 바울이 강조하고 있는 것이다.

아브라함 못지않게 유대인이 존경하는 인물은 다윗 왕이다. 바울은 다윗 왕 역시 인간의 행위에 근거하지 않고 다만 하나님을 "믿는 자에게는 그의 믿음을 의로 여기시는"(4:5) 믿음의 도를 따랐음을 시편 32편 1~2절을 인용하여 보여 주고 있다(4:6~8).

로마서가 다루고 있는 오직 믿음(Sola fide)으로 얻는 구원, 오직 은혜(Sola gratia)로 얻는 구원이 바로 기독교를 기독교답게 만드는 것이고, 다른 종교와 근본적인 차이를 가져오는 것이다. 이 핵심 교리를 부인하거나 그 개념을 변형시키는 신학이나 집단은 모두 이단이라 할 수 있다. 이 때문에 마르틴 루터를 비롯한 종교개혁자들이 '성경 말씀으로만, 은혜로만, 믿음으로만' 구원 얻는 진리로 돌아갈 것을 부르짖은 것이다.

믿음으로 구원을 얻는다는 개념 못지않게 사람들이 오해하는 개념이 있는데, 그것은 은혜로 구원 얻는다는 개념이다. 이 두 가지 개념은 따로 떼어 놓고 생각할 수 없다. 믿음으로 구원 얻는다는 개념은 우리가 하나님을 대하는 자세를 의미하고, 은혜로 구원 얻는다는 개념은 하나님이 우리를 다루시는 자세를 의미한다.

아무 일도 하지 않은 자, 아무 자격도 없는 자, 오히려 빚진 자에게 모든 빚을 청산해 주고 그 위에 영생의 선물까지 주신 사건을 로마서는 은혜라고 부른다. 이 은혜가 하나님으로부터 주어졌고, 인간이 이 은혜의 사건을 믿을 때 그 은혜를 누릴 수 있게 되는 것이다. 은혜의 법칙은 세상 법칙과 전혀 다르기 때문에 인간은 은혜로 구원 얻는다는 개념을 믿기 어려운 것이다.

은혜의 개념과 연관된 중요한 개념은 '의로 여김을 받는다'(4:3, 5, 22, 24)는 것이다. 이것은 글자 뜻 그대로 하나님을 믿으면 인간이 '의로워지는 것'이 아니라 '의롭다고 여김을 받는 것'이다. 원어적인 의미는 법정 용어로서, 판사가 무죄라고 선언하는 것을 의미한다. 이 경우 판사가 죄인을 아무 근거 없이 무작정 의롭다고 선언하는 것이 아니라 나름대로 합법적인 근거를 마련해 놓고 의롭다고 선언하는 것이다. 우리가 의롭다고 여김을 받는 근거는 바로 화목제물이신 예수 그리스도의 십자가 사건이다(3:25). 이 은혜의 개념을 제대로 이해할 때 비로소 참 믿음으로 구원 얻는다는 신비를 깨달을 수 있다(4:16). 은혜를 더욱 깊이 깨달으면 깨달을수록 더 깊은 믿음을 지닐 수 있다. 만일 예수를 믿는다고 하면서도 감사하지 못하고 불평불만으로 꽉 차 있는 사람이 있다면, 그는 은혜의 의미를 아직 모르는 것이다.

아브라함은 은혜의 개념을 깊이 체험하고 믿었기 때문에 모든 믿는 자의 조상이 된 것이다. 아브라함이 이삭을 낳은 것은 순전히 은혜의 사건이었다. 인간의 노력과 수고가 전혀 소용없게 되었을 때, 인간이 막다른 골목에서 모든 것을 포기할 때, 비로소 하나님은 우리 안에서 제대로 역사하실 수 있게 된다. 인간의 악함과 무능함을 인식하고 솔직히 인정할 때, 하나님의 은혜가 빛을 발하고 믿음이 제구실을 할 수 있게 된다.

아브라함이 은혜를 경험한 것도 인간의 힘으로는 절대 불가능한 상황에서였다. 90세 할머니와 100세 할아버지 사이에서 아들이 태어난 것이다. 이 은혜의 사건을 아브라함은 믿음으로 체험했고 그로 인해 더 큰 믿음을 갖게 되었다(4:19~22). 이것은 처녀의 몸에서 탄생하실 예수 그리스도 사건의 그림자가 되는 사건이라 하겠다. 아브라함이 믿은 하나님은 "죽은 자를 살리시며 없는 것을 있는 것으로 부르시는 이"시다(4:17). 이 하나님이 주신 약속을 도저히 "바랄 수 없는 중에 바라고 믿었으니"(4:18), 이것이 아브라함의 믿음이었다. 바울이 아브라함의 믿음 사건을 기록한 이유는 "아브라함만 위한 것이 아니요 의로 여기심을 받을 우리도 위함"(4:23~24)이었다. 즉 "예수 우리 주를 죽은 자 가운데서 살리신 이를 믿는 자"(4:24)들을 위해 부활 신앙의 본보기로 기록한 것이다. 유대인들이 구원 얻는 행위로 착각했던 할례마저도 실은 이미 얻은 믿음의 의를 확증하는 것이었다(4:11). 4장 전체를 통해 바울은 믿음의 법이 성경적이며 믿을 만한 것임을 증명했다.

::
깊이
읽기 _ **믿음으로 얻은 아브라함의 의**

아브라함은 이스라엘 민족의 조상이며, 하나님의 구원 역사의 시작이다. 또한 할례 받기 전에 그가 가졌던 믿음의 자취를 따르는 모든 사람에게 믿음의 조상이 되었다. 유대인이든 이방인이든 아브라함을 본받지 않고는 믿음의 길로 들어갈 수 없다. 모든 신앙은 하나님이 아브라함에게 주신 언약에 근거하고 있다.

이스라엘 신앙의 시초인 아브라함이 하나님께 의롭다 인정을 받게 된 것은 그가 의로운 행동을 해서가 아니라 단순히 경건치 아니한 자를 의롭다고 인정하시는 하나님의 은혜를 믿음으로 받아들이는 데서 시작되었다. 은혜는 일한 대가가 아니라 자격이 없는 자에게 무조건적으로 주시는 하나님의 사랑의 선물이다.

할례는 하나님을 믿는 아브라함의 믿음을 의로운 행위라고 인정하고 받아 주시며 축복해 주신 하나님의 언약의 표다. 그런 의미에서 할례는 행위가 아니라 하나님을 믿음으로 구원을 얻을 수 있음을 보여 주는 증거의 표가 되는 셈이다. 아브라함이 할례를 받았기 때문에 의로워진 것이 아니라, 의롭다고 인정받았기에 그 표로 할례를 받은 것이다. 믿음의 증표를 율법 행위로 전락시킨 유대인의 함정을 조심하자.

하나님이 아브라함을 불러 의롭다 하시고 약속을 주신 모든 과정은 믿음의 법을 따라서 이루어졌다. 그 약속 역시 율법을 지키는 자들이 아니라 믿음의 법을 따르는 자들에게 주어진 것이다. 율법은 단지 하나님의 진노가 어떤지 보이기 위한 것이다. 율법에 속한 자나 믿음에 속한 자나 똑같이 하나님의 구원 원칙을 따를 때에만 믿음의 후사가 될 수 있다.

아브라함의 믿음은 죽은 자를 다시 살리는 부활 신앙이며 하나님이 약속을 반드시 이루실 것을 믿는 언약 신앙이다. 그는 한번 약속하시면 변개하지 않는 하나님을 믿었다. 믿음은 분명한 대상이 있어야 한다. 여기서 믿음의 대상은 살아서 역사하시는 전능하신 하나님, 여호와 하나님이시다.

구약시대에 아브라함이 가졌던 믿음은 신약시대에 예수 그리스도를 믿는 믿음과 별로 다르지 않다. 어느 시대건 전능하신 하나님의 은혜, 십자가의 죽음과 부활을 통해 우리 죄를 용서하신 은혜를 믿는 것이다. 그 밖의 다른 신앙은 모두 그릇된 것이다.

::
# 첫째 아담, 둘째 아담 5:1~21

예수님은 아무 짝에도 쓸모없는, 대신 죽을 가치조차 없는, 상한 갈대 같은 죄인들을 위해 죽으셨다. 이는 도저히 믿기지 않는 기적 같은 사랑이다.

　　로마서 5장 1~21절은 첫째 아담과 둘째 아담에 관한 이야기를 다루고 있다. 믿음의 법이 구약성경에서도 기본적인 구원 원칙임을 증명했지만, 아직도 유대인들이나 현대인들에게 풀리지 않는 문제가 있다. 즉 믿음으로 의로워진다는 것이 어떻게 가능한가 하는 문제다. 다시 말해 어떻게 한 사람이 지은 죄로 전 인류가 사망에 이르게 되었으며, 또 반대로 한 사람 예수 그리스도의 십자가 사건이 어떻게 온 인류를 생명으로 인도할 수 있는지에 대한 원초적이고 근본적인 질문이다.

　　로마서 5장에서 바울은 믿음으로 의롭다 하심을 얻은 결과에 관해서 먼저 언급한다. 제일 먼저 얻는 것은 하나님과의 평화다. 자기를 지으신 창조주 하나님과 원수가 되어 살고 있는 사람을 상상해 보라. 우리가 바로 이런 사람이었다. 자기 생명이신 하나님을 내어 버리고 스스로 고아가 되어 방황하던 우리가 예수 그리스도를 통하여 하나님과 화평을 누리게 되었다(5:1). 생명의 근원이신 하나님께 돌아옴으로써 비로소 은혜 안에 거하게 되고 하나님의 영광을 바라고 즐거워할 수 있게 된 것이다(5:2).

그리스도를 통하여 비로소 참 평안과 기쁨이 가능하게 되었다. 이 평안과 기쁨은 인간의 주관적 감정에서 오는 것이 아니라 객관적 사실을 인식하고 믿을 때 임하는 것이다. 따라서 이 기쁨은 심지어 인간이 견딜 수 없는 환난 중에도 즐거워하게 만든다(5:3). 진정한 그리스도인의 기쁨은 기쁜 척하는 것이 아니다. 기뻐하려고 노력하는 것도 아니다. 그리스도인은 믿음으로 기뻐하는 것이고 예수 그리스도 때문에 기뻐하는 것이다. 하나님이 성령님을 통해 우리에게 부어 주시는 사랑으로만(5:5) 가능한 것이다.

그리스도인들이 참으로 기뻐해야 할 객관적인 사실이 있다. 그것은 하나님이 우리를 사랑하신다는 사실이다. 하나님의 사랑에 식상한 사람들, 감각이 마비된 사람들이 있다. 참으로 하나님의 사랑을 깨달을 필요가 있다. 하나님은 우리를 어느 정도 사랑하시는지 증명하기 위해 가장 확실한 증거를 보이셨다. "우리가 아직 죄인 되었을 때에 그리스도께서 우리를 위하여 죽으심으로 하나님께서 우리에 대한 자기의 사랑을 확증하셨느니라"(5:8).

사랑하는 이를 위해 무엇을 할 수 있을까? 친구를 위해 자기 목숨을 바치는 것보다 더 큰 사랑은 있을 수가 없지 않은가(요 15:13)!
더구나 중요한 사실은 누가 죽었는가, 누구를 위해 죽었는가, 왜 죽
었는가의 문제다. 하나님이신 예수 그리스도께서 죽으셨다. 아버지
하나님의 유일하신 독생자 예수 그리스도께서 죽으셨다는 데 그 죽
음의 의미가 있다.

　세상 사람 중에는 자기가 사랑하는 이를 위해, 의인을 위해 어
쩌다 죽어 줄 사람이 간혹 있을 수 있다(5:7). 그러나 예수님은 아
무 짝에도 쓸모없는, 대신 죽을 가치조차 없는, 상한 갈대 같은 죄
인들을 위해 죽으셨다. 이는 도저히 믿기지 않는 기적 같은 사랑이
다. 죽으신 목적 또한 특이하다. 어쩌다 우연히 죽게 된 것이 아니
라 이미 우리를 위해 죽을 목적으로 태어나셨고 "그로 말미암아 우
리를 살리려"(요일 4:9)고 죽으셨다. 대신 죽어야 할 아무 이유가 없
는데도 단순히 사랑하고 있다는 그 한 가지 이유 때문에 예수님은
십자가에서 우리 대신 죽으셨다. 그분은 아주 적절한 시간에(just the
right time), 하나님의 시간에 죽으셨다. 이처럼 하나님 자신이신 그
리스도의 죽음은 하나님이 우리를 사랑하시는 확실한 증거이다(요
일 3:16, 4:10). 그렇기 때문에 그리스도인들은 기뻐 뛰어야 하고, 또
그럴 수 있게 된다(롬 5:11).

　그리스도께서 죽으셔야 할 또 하나의 근본적인 이유가 있는데
그것은 바로 아담의 원죄 때문이다. "한 사람으로 말미암아 죄가 세
상에 들어오고 죄로 말미암아 사망이 들어왔나니 이와 같이 모든
사람이 죄를 지었으므로 사망이 모든 사람에게"(5:12) 이르게 되었

기 때문이다. 아담(하와가 아닌) 한 사람의 죄로 온 인류가 죄인이 되었다. 아담 한 사람 안에서 온 인류가 나왔고, 아담 한 사람 안에서 온 인류가 범죄한 것이다. 아담은 단 한 번의 범죄로 사망을 이 세상에 불러들였고, 한 번 들어온 이 불청객이 아담 이래 모든 인류의 왕이 되어 버렸다(5:17). 첫째 아담의 범죄를 씻어 줄 완전한 해결책이 있는데, 그것은 마지막 아담인 예수님이 "순종하심으로 많은 사람이 의인이"(5:19) 된 것이다. 첫째 아담은 창조되었고, 하나님의 호흡으로 '생령(living soul)'이 되었다. 그러나 마지막 아담은 죽은 자를 '살려 주는 영(life-giving spirit)'이 되었다(고전 15:45). "한 범죄로 많은 사람이 정죄에 이른 것같이 한 의로운 행위로 말미암아 많은 사람이 의롭다 하심을 받아 생명에 이르렀느니라"(롬 5:18).

이와 비슷한 사건들이 우리의 생애 속에 얼마나 자주 일어나고 있는가! 단 한 번의 실수로 평생을 그 죄에 매여 종노릇 하며 살아갈 수도 있다. 그러나 이런 생활은 아직 예수 그리스도의 복음의 의미를 모르기 때문이다. 우리는 더 이상 첫째 아담을 따라 살고 있지 않다. 죄와 사망의 노예로부터 해방시켜 주는 마지막 아담에게로 나아오라. 그런 실수들이 너무도 많아 내 인생은 어차피 이 모양이 꼴로 끝나야 한다고 포기한 적은 없는가? 사탄의 속임수에 넘어가지 말라. "죄가 더한 곳에 은혜가 더욱 넘쳤나니"(5:20). 많은 죄를 깨닫고 고민하는 사람들은 오히려 더 큰 하나님의 은혜를 깨달을 수 있다. 주님의 죽으심의 의미를 바로 알자. 그리고 그 목적을 마음껏 누리며 살자.

"이는 죄가 사망 안에서 왕 노릇 한 것같이 은혜도 또한 의로 말미암아 왕 노릇 하여 우리 주 예수 그리스도로 말미암아 영생에 이르게 하려 함이라"(5:21). 하나님의 은혜는 온 인류가 지은 모든 죄를 갚고도 남는다. 새 나라의 창시자를 따라 사는 예수님의 백성답게 예수 그리스도와 연합하여 죄와 사망에서 자유를 얻자.

::
깊이
읽기 _ 하나님이 우리를 사랑하시는 증거

하나님의 은혜로 의롭다 하심을 얻는 것은 우리가 완전히 의로워진다기보다는 우리의 현재 상황과는 별개로 의롭다고 인정되고 선포되는 것을 의미한다. 그 결과 하나님과 원수 된 관계에서 벗어나 올바른 관계가 회복되고 올바른 교제가 이루어진다. 따라서 예수님을 믿는 성도들은 이 은혜를 맛보며 즐기며 살아야 한다.

하나님과 평화를 이룬 성도들이 이 땅에서 환경을 뛰어넘는 길은 믿음을 적용하는 것이다. 왜냐하면 신자들이 겪는 환난은 인내를 통한 연단을 거쳐 참 소망을 사모하게 만들기 때문이다. 성령을 통해 부어 주신 사랑은 우리가 승리할 수 있는 비결이다.

그리스도께서는 약속을 이루실 정해진 시간에 죽으셨다. 선인도 의인도 아닌 죄인을 위해 죽으심은 우리를 향한 하나님의 사랑의 결정체이다. 대신 죽어야 할 아무 이유도 없는 우리를 위해 죽으신 유일한 이유는 하나님이 세상을 사랑하시기 때문이다.

그리스도인의 기쁨과 평화는 주관적 감정이 아니라 객관적 사실을 인식하고 실현하는 것이다. 기쁜 척하거나 노력하는 것이 아니라 믿음으로 인해 기뻐하는 믿음의 실천이다.

이 땅에 죄와 사망이 들어오게 된 것이 인류의 조상, 한 사람 아담의 불순종으로 인한 것이듯, 의롭게 되는 것과 생명의 선물도 한 사람 예수 그리스도를 통해 가능해졌다. 아담의 모든 후손은 죄와 사망의 지배를 받지만, 예수 그리스도를 믿는 모든 사람은 영생의 선물을 받는다.

구약의 모든 사건은 그리스도 사건의 표상(type)이다. 아담과 그리스도가 모두 한 세계의 시조가 되었으나 그 결과는 정반대다. 예수 그리스도께서는 아담과는 달리 순종하심으로 모든 인류에게 은혜와 의의 선물을 넘치게 주셨으며, 많은 사람에게 의로움과 생명을 나누어 주셨다. 한 사람의 역할은 지금도 소중하다. 가정과 사회에서 빛과 소금의 직분을 잘 감당하자.

사탄의 왕국에서 종노릇 하던 우리는 그리스도의 순종을 통해 자유를 얻었다. 뿐만 아니라 하나님 나라의 기업을 그리스도와 함께 나눌 공동 상속인이 되었고 함께 왕 노릇 하게 되었다. 이 모두가 주님이 십자가에서 흘리신 보혈을 통해 이루어졌다.

"아담이 파멸을 가져올 수 있는 능력보다 그리스도께서 구원하시는 능력이 훨씬 더 크다"(존 칼빈).

# 3

## 나는
## 어떤 존재인가? 롬 6:1~23

- 구원받은 사람은 죄를 지어도 되는가?
- 2천 년 전에 일어난 일, 나와 무슨 상관일까?
- 죄에서 자유를 누리며 살고 있는가?

::
# 구원받은 사람은
# 죄를 지어도 되는가? 6:1~4

탕자의 아버지가 기뻐한 것은 집에 있던 큰아들보다 방탕하게 낭비
하고 돌아온 작은아들을 더 사랑했기 때문이 아니다. 다만 작은아들
이 죽음의 위기를 넘기고 무사히 돌아온 것을 기뻐한 것이다.

로마서 6장은 그리스도인과 죄에 관한 내용을 다루고 있다. 믿
음으로만, 은혜로만 구원 얻는다는 성경의 기본 원칙에 대한 엄청
난 오해들이 있다. 이 오해는 예수를 믿지 않는 사람들은 물론 믿고
있는 사람들에게서도 찾아볼 수 있다.

첫 번째 오해는 예수님이 우리의 과거와 현재와 미래의 모든 죄
를 용서해 주셨으므로 우리는 부담 없이 죄를 지어도 된다는 생각
이다. 죄에 대해 전혀 신경을 쓰지 않고 죄 속에서 사는 사람의 자
세다. 많은 불신자가 죄의 늪에 빠져 헤매며 살고 있는 그리스도인
들의 행실을 보며 기독교를 이렇게 평가절하하고 있다.

두 번째 오해는 의도적으로 죄를 지음으로써 하나님의 은혜를

더욱 많이 깨달을 수 있다는 사고방식이다. 이것은 사탄의 사주를 받은 궤변론자들의 장난에 넘어가고 있는 사람들의 생각으로, 이와 비슷한 궤변을 로마서 3장 1~8절에서 이미 살펴보았다. 악을 통해 하나님의 선을 이루자는 궤변에 이어, 죄를 지어 하나님의 사랑(은혜)을 풍성하게 만들자는 논리가 나온 것이다.

실제로 기독교 역사상 이런 궤변을 펼친 사람들이 여럿 있다. 악의 천재라고 악명이 높았던 러시아의 수도사 라스푸틴(Rasputin)은 죄와 회개를 거듭하는 경험을 통하여 구원의 교리를 배울 수 있다고 가르쳤다. 그는 죄를 가장 많이 짓는 자가 용서를 가장 많이 체험하고, 계속 범죄하는 자는 회개할 때마다 보통 사람들보다 더 많이 하나님의 사죄와 은총을 체험할 수 있다고 주장했다.

오늘날 얼마나 많은 그리스도인이 이런 잘못된 유혹에 빠져 있는가? 세상에서 방황하고 숱한 죄를 지은 사람이 회개하고 예수 믿으면 더 많은 갈채와 각광을 받게 되는데, 이럴 때마다 평범한 죄인들(?) 또는 일찍부터 하나님의 은혜를 누리며 살고 있는 사람들은 유혹에 빠진다. 그것은 큰 죄를 짓거나 방황하다가 다시 주님 품으로 돌아오면 더 큰 믿음을 갖거나 더 온전한 믿음에 이를 수 있으니 죄를 짓고 방탕한 생활을 하라는 사탄의 유혹이다. 이것은 아담과 하와가 에덴동산에서 사탄의 유혹에 넘어간 것을 합리화하려는 논리와 비슷하다.

그러나 한 가지 분명하게 해 둘 것이 있다. 탕자의 아버지가 기뻐한 것은 집에 있던 큰아들보다 방탕하게 낭비하고 돌아온 작은 아들을 더 사랑했기 때문이 아니다. 다만 작은아들이 죽음의 위기를 넘기고 무사히 돌아온 것을 기뻐한 것이다(눅 15:32). 오늘날의 그리스도인들도 큰아들이 아버지에 대해 품었던 것과 비슷한 오해를 하고 있다. 절대로 죄를 더 많이 짓는다고 해서 하나님의 사랑을 더 깊이 체험할 수는 없다. 우리는 이미 하나님의 용서와 사랑을 받아야 할 만큼 엄청난 죄로 가득 차 있다. 일단 하나님을 믿고 그분의 자녀가 되고 나면 하나님 앞에서 신실하고 거룩하게 살아가는 것이 하나님이 원하시는 삶의 자세다(살전 3:13).

한편 우리가 죄를 지어서는 안 되는 근본적인 이유가 있다. 첫째는 죄를 용납하실 수 없는 하나님의 거룩하신 성품 때문이다. 둘째는 우리 모두가 하나님의 신성한 성품에 참여해야 하는 하나님의 자녀들이기 때문이다(벧후 1:4). 바울은 이 점에 대해, 그리스도인들은 '죄에 대하여 죽은' 사람들이기 때문에 더 이상 죄를 지어서는 안 된다고 설명하고 있다(롬 6:2).

그리스도인들은 '그리스도 예수와 합하여 세례를 받은' 사람들이기에, 그리스도께서 십자가 상에서 죽으실 때 이미 그분과 함께 죽었고 함께 장사 지낸 바 된 것이다(6:3~4). 다시 말해, 우리가 죄를 지어서는 안 되는 이유는 그리스도인과 그리스도와의 연합 관계 때문이다. 그리스도의 십자가 사건, 즉 장사 지낸 사건과 부활하신 사건은 바로 그리스도와 연합하여 살고 있는 모든 그리스도인의 사건이 된 것이다.

## :: 깊이 읽기 _ 새로운 차원의 세계가 열린다

율법의 목적은 인간이 죄인임을 깨닫게 하려는 것이다. 율법이 있으면 사람은 자신이 행하고 있는 일들이 죄임을 분명히 깨닫게 된다. 이런 의미에서 죄를 더 많이 깨달을수록 더 큰 은혜를 받게 된다.

죄는 결국 사망을 초래한다. 인간은 죄를 짓지 않을 수 없으며, 죄의 노예로 살게 된다. 노예는 선택할 자유가 없다. 그러나 은혜가 왕 노릇 하는 하나님 왕국에서는 그리스도를 통해 주시는 의를 통해 진정한 자유와 평화를 얻는다. 그리하여 죄의 지배 아래서 사망으로 인도되던 고리가 끊어지고 은혜의 선물인 의 안에서 영생으로 연결되는 새로운 고리가 생기게 된다.

더 많은 은혜를 경험하기 위해 죄를 더 지을 필요는 없다. 인간은 이미 죄의 홍수 속에서 살고 있기 때문이다. 그리스도인은 예수 그리스도께서 십자가에서 이루신 은혜의 사건으로 죄에 대해 완전히 죽었으므로, 더 이상 죄와 아무런 관련이 없다.

내가 죄에 대해 죽은 것이지 죄가 죽은 것이 아니다. 죄는 계속해서 역사하고 있다. 죄에 대한 나의 죽음을 믿음으로 받아들이는 것이 우리의 삶에서 승리하는 비결이다.

::
# 2천 년 전에 일어난 일,
# 나와 무슨 상관일까? 6:5~9

예수 그리스도와 합하여 세례를 받으면, 2천 년 전에 일어난 예수 그
리스도의 십자가 사건, 장사 지낸 사건, 무덤에서 부활한 사건 등 예
수 그리스도의 모든 사건이 우리의 사건이 되는 것이다.

어떻게 2천 년 전에 유대 땅에서 일어난 사건이 우리와 상관관계
가 있을 수 있을까? 이는 오랜 기간 동안 많은 사람이 던진 질문이
다. 이 질문에 대한 해답을 찾기 위해 부부관계를 생각해 보자. 전
혀 관계가 없던 한 남자와 한 여자가 만나 결혼하게 될 때 이 둘은
한 몸을 이루게 된다(창 2:24, 엡 5:31). 바울은 이 신비스러운 부부관
계를 말하면서, 결혼은 머리이며 신랑이신 그리스도와 그 지체이며
신부인 교회와의 관계를 보여 주기 위한 것이라고 설명한다(엡 5:32).

어떤 남자가 열심히 수고하고 애써서 좋은 집도 사고 온갖 패물
도 마련하여 10년이 지난 후 사랑하는 여자와 결혼을 했다. 집과 패
물은 비록 10년 전에 구한 것이지만 이제 그 여자의 소유가 되어 모

든 것을 함께 누리게 된다. 그 좋은 집과 갖가지 패물을 살 때 그 여인은 돈 한 푼 보태지 않았지만 이제 자기 집이요, 자기 패물이라고 주장한다. 그 이유는 두 사람이 결혼을 통해 한 몸이 되었기 때문이다. 똑같은 사건이 그리스도인들에게 일어난 것이다. 예수 그리스도와 합하여 세례를 받으면, 2천 년 전에 일어난 예수 그리스도의 십자가 사건, 장사 지낸 사건, 무덤에서 부활한 사건 등 예수 그리스도의 모든 사건이 우리의 사건이 되는 것이다.

초대교회에서 말하는 세례는 물세례를 의미한다. 그들은 세례와 예수 믿는 것을 분리해서 생각할 수 없었다. 믿는 자가 세례 받지 않거나 믿지 않는 자가 세례 받는 일은 있을 수 없기 때문이다. 그리스도에 대한 신앙고백을 하자마자 세례를 받은 경우는 흔히 있었다(행 2:41, 8:36). 세례는 그들이 물속에 잠겼을 때 그리스도와 함께 장사되었고, 물에서 올라왔을 때 그리스도와 함께 살아난 것임을 상기시켜 주는 중요한 의식이었다.

세례로 연합되어 하나가 된 것의 또 다른 의미는 "우리의 옛 사람이 예수와 함께 십자가에 못 박힌 것은 죄의 몸이 죽어 다시는 우리가 죄에게 종 노릇 하지 아니하려 함"(롬 6:6)에 있다. 그리스도와 연합되기 이전의 모든 인간은 죄와 사망의 노예였다. 그러나 이제는 그 험한 노예 생활에서 벗어나 진정한 의미에서의 출애굽 사건이 모든 그리스도인에게 일어난 것이다.

그러므로 그리스도인들은 이제 더 이상 죄를 지어서는 안 된다. 죄에 대하여 죽었고 죄와의 관계가 일체 끊어졌기 때문이다. 더 이상 죄와 죽음의 세력이 우리를 지배할 수 없다. 그러므로 다시 죄의 종이 되는 것은 상상할 수도 없는 일이다.

그럼에도 불구하고 우리에게 노예근성이 남아 있는 것은 자신에게 주어진 자유의 의미를 모르기 때문이다. 마치 광야에서 방황하던 이스라엘 백성이 앞으로 들어갈 '젖과 꿀이 흐르는 가나안 땅'을 사모하기보다는, 옛날 노예 생활을 하던 애굽을 그리워하며 되돌아가려고 했던 것과 같다. 오늘날의 많은 그리스도인도 자신에게 일어난 그리스도와의 연합 사건의 깊은 영적 의미를 모른 채 다시 죄의 노예가 되려 하고 있다.

비슷한 경우를 역사에서 찾아볼 수 있다. 미국 남북전쟁 당시 링컨 대통령이 흑인 노예 해방을 선언했다. 이때 어떤 흑인들은 자신들에게 주어진 자유를 누리지 못하고 다시 옛 주인에게 돌아가 노예로 살게 해 달라고 부탁했다고 한다. 얼마나 비참한 일인가? 흑인들이 다시 노예가 되었던 이유는 자유인으로 사는 것이 어떤 것인지 알지 못했기 때문이다. 하나님이 우리를 죄의 노예에서 해방시켜 준 이유는 의롭게 살게 하려고, '그리스도 예수 안에서 하나님에 대하여' 살게 하려고 하신 것이다.

오늘날 많은 사람이 자유를 부르짖고 있다. 그러나 자유의 진정한 의미는 '…로부터의 자유(freedom from)'보다 '…로 가는 자유(freedom to)'이다. 몹쓸 주인의 손아귀에서 벗어난 것은 좋은 일이나 그 후에 더 지독하고 몹쓸 노예 상태에 빠진다면 자유의 의미가 없어지게 된다. 주님이 비유로 들려주신 것처럼, 더러운 귀신이 어떤 사람에게서 나갔다 해도 집안 단속을 하지 않으면 더 악한 일곱 귀신이 들어와 그 사람의 나중 형편은 전보다 더욱 나빠진다(마 12:43~45).

## :: 깊이 읽기 _ 나는 죄에 대해 완전히 죽었다

예수 그리스도의 이름으로 세례를 받을 때 신자와 그리스도는 하나가 된다. 그의 옛사람은 죽고 그리스도의 사람으로 다시 태어나게 된다. 한 남자와 여자가 만나 결혼하는 순간 전혀 새로운 관계가 형성되듯이 세례 속에는 죽음과 장사 지냄과 부활이 다 포함되어 있다. 그리스도에게 일어난 사건은 그리스도와 한 몸이 된 모든 신자에게 적용된다.

물속에 잠겨 세례를 받듯이 그리스도와 합한 자는 그리스도께서 십자가에서 죽으실 때 함께 죽은 것이다. 그리스도께 일어난 사건이 나의 사건이 되는 것이다. 죄의 몸이 죽어야 하는 목적은 다시는 죄에게 종노릇 하지 않으려는 것이다.

신자의 삶은 죽음으로 끝나지 않는다. 주님이 죽음을 이기고 새로운 부활체로 나오듯 신자들은 주님과 연합하여 부활한 것이다. 그러나 대상을 분명히 해야 한다. 죄에 대해 죽은 것처럼 새 몸은 오직 하나님께 대하여 살아난 것이다. 신자는 죄가 아니라 하나님을 향하여 항상 올바른 반응을 보여야 한다. 이 사실을 인식하고 믿음으로 여기며 살아가는 것이 승리하는 삶이다.

무덤에 가서 죽은 자에게 아주 험한 모욕을 주어 보라. 그래도 시체는 아무 반응이 없다. 그리스도인도 죄에 대해 이 같은 반응을 보일 때 정말 죄에 대해 죽은 것이다.

내가 예수님을 믿고 나면 점차 나의 죄성이, 나의 분노와 미움이, 나의 욕망과 유혹이 죽어 가는 것이 아니다. 그렇게 생각하고 접근하는 것은 잘못된 교리다. 우리는 이미 죽었다. 더 이상 내가 할 일은 없다. 내 힘으로 나를 죽일 수 없다. 이것은 영적인 전쟁이기 때문이다. 내 힘만으로 사탄과의 싸움에 맞서는 것은 너무 벅차다. 내 힘으로 도저히 해결할 수 없는 문제가 닥쳐올 때 우리는 "너는 이미 죽었다. 지금 살고 있는 삶은 네 것이 아니다"라고 외쳐야 한다.

::
# 죄에서 자유를 누리며
# 살고 있는가? 6:10~23

우리는 어떤 종류의 자유를 누리고 있는가? 죄에 대해 자유를 얻고
죄의 영향력에서 완전히 벗어나 자유를 누리고 사는가? 아니면 죄의
노예가 되어 의와는 전혀 상관없이 의에서 벗어나 살고 있는가?

죄에서 자유롭게 된 후 다시 죄를 지으면 자유의 의미가 없어져
버린다. 특히 우리에게 자유를 주시기 위해 그리스도께서 지불하신
그 십자가와 보혈의 의미를 생각해야 한다.

예수님이 십자가에서 '죄에 대하여 단번에' 죽으시고 무덤에서
단번에 하나님께 대하여 살아나신 것처럼(6:10), 그리스도인들도
"죄에 대하여는 죽은 자요 그리스도 예수 안에서 하나님께 대하여
는 살아 있는 자로"(6:11) 여기며 살아가야 한다. 즉 우리는 우리의
죽음과 삶의 경계선을 분명히 긋고 살아야 한다. 그리스도께서 십
자가에서 죽으신 것이 단 한 번으로 충분한 것처럼 우리의 죽음도
한 번의 사건으로 넉넉하다.

6장 11절의 '여길지어다'라는 동사는 '알아라'는 의미 이상의 단어이다. 본래는 '계산한다'는 의미를 지닌 회계학 용어인데, 믿음으로 간주하고 그렇게 살아가라는, 즉 행위가 따라오는 의지의 의미를 포함한다. 다시 말해서 우리가 죄에 대하여는 죽고 하나님에 대하여는 살았음을 분명히 알고 그렇게 살아가라는 의미이다.

우리는 죄에 대해 죽었으므로 죄와는 아무 상관이 없으며, 더 이상 죄에 머물러 있어서도 안 된다. 바울은 갈라디아서에서 "그리스도께서 우리를 자유롭게 하려고 자유를 주셨으니 그러므로 굳건하게 서서 다시는 종의 멍에를 메지 말라"(갈 5:1)고 권유하고 있다.

우리는 얼마만큼의 자유를 누리고 있는가? 예수께서 자기를 믿는 유대인들에게 이렇게 말씀하셨다. "너희가 내 말에 거하면 참으로 내 제자가 되고 진리를 알지니 진리가 너희를 자유롭게 하리라"(요 8:31~32). "그러므로 아들이 너희를 자유롭게 하면 너희가 참으로 자유로우리라"(요 8:36). 우리는 이 약속을 얼마나 누리며 살고 있는가? 먼저 자신에게 물어 보아야 할 질문은 내가 참으로 그리스도와 연합되어 살고 있는가이다.

바울은 다른 서신에서 그리스도인은 세례를 통해 그리스도로 옷 입었다(갈 3:27), 혹은 그리스도인은 세례를 통해 그리스도와 한 몸이 되어 그 지체가 되었다(고전 12:13), 또 그리스도인인 나는 십자가에서 예수님과 함께 죽었고 이제는 내 안에 그리스도가 나와 함께 사신다(갈 2:20)고 표현하고 있다. 정말 내가 그리스도로 옷 입었는가, 내 속에 그리스도께서 살고 계신가를 확인해야 한다.

바울은 계속해서 참 자유의 의미 내지는 종의 의미를 설명하고 있다. 위치상으로나 법적인 지위로 보면 명목상으로 우리는 자유를 얻었고 자유인이라고 내세우고 있다. 그러나 실제 상황은 어떤지를 파악해야 한다. 우리의 지체는 중립적인 위치에 있는 도구일 뿐 우리 지체가 의를 이루거나 죄를 이루는 것은 아니다. 우리 지체는 어느 것에게 복종하느냐에 따라 의의 병기가 될 수도 있고 불의의 병기가 될 수도 있다.

실제로는 예수 그리스도의 십자가 보혈로 인해 우리가 죄와는 아무 상관이 없는 상태로 놓임을 받았으면서도, 그냥 계속해서 죄 속에 거하면서 우리 몸을 죄의 병기로 사용하게 할 수도 있다. 이럴 경우 우리는 죄의 노예 노릇을 하고 있는 자유인일 수밖에 없다. 법적인 자유인일지라도 실제로 노예 노릇을 하고 있는 것이다.

그러므로 우리는 자유인의 의지로 그리스도 안에서 얻은 소중한 새생명 같은 자유를 마음껏 행사하여야 한다. "그러므로 너희는 죄가 너희 죽을 몸을 지배하지 못하게 하여 몸의 사욕에 순종하지 말고 또한 너희 지체를 불의의 무기로 죄에게 내주지 말고 오직 너희 자신을 죽은 자 가운데서 다시 살아난 자같이 하나님께 드리며 너희 지체를 의의 무기로 하나님께 드리라"(롬 6:12~13)는 권면의 말씀에 순종해야 한다.

그리스도인들은 죄의 노예가 되어 죄를 주인으로 섬기며 살고 있었다. 그러나 이 주종관계는 그리스도와 합하여 세례 받고 연합될 때에 이미 깨져 버렸고, 이제 새로운 주종관계가 성립되었다. 누구든지 예수 그리스도를 주님(Lord)이라고 부르면 그리스도의 종의 자리에 서는 것이다. 종은 반드시 주인의 명령에 순종하며 살아야 한다. 물론 이 새로 형성된 주종관계는 어쩔 수 없이 억지로 맺은 것이 아니라 자발적인 의지에 따른 것이다. 우리에게 베풀어 주신 예수 그리스도의 사랑에 감격하여 스스로 종이 된(bond-servant) 위치에 놓이는 것이다. 그러나 종이라고 하면서도 주인의 명령에 순종하지 않으면 이 주종관계는 아무 의미도 없다.

우리는 두 주인을 섬길 수 없다. 우리는 자신을 "종으로 내주어 누구에게 순종하든지 그 순종함을 받는 자의 종"(6:16)이 되는 것이다. 죄의 종으로 사망에 이르거나 순종의 종으로 의에 이른다. 우리는 하나님 나라 시민으로서 우리의 정체성을 회복하여 그것을 유지해야 한다.

우리는 "죄로부터 해방되어 의에게 종이 되었느니라"(6:18)는 말씀처럼, 더 이상 죄의 종이 되어서는 안 된다. 우리가 계속 죄의 병기로 사용된다면 이는 아군의 병기를 적군이 사용하도록 허락하는 것만큼이나 어리석은 짓이다. 우리는 더 이상 죄의 왕국에 머물러 있거나 죄의 지배를 받아서는 안 된다. 우리는 하늘나라의 시민들이므로 마땅히 하늘나라 시민답게 살아야 한다.

바울은 이와 관련하여 두 가지 종류의 자유에 대해서 이야기하고 있다.

첫째, 죄에서 해방되어 의에 이르고 영생의 열매를 거두는 것이다. 이것이 바로 우리가 누리고 있는 해방이다. 둘째, 의에 대하여 자유함을 누리는 것이다. 다른 말로, 죄와 깊은 관계를 맺고 있으므로 의와는 아무 상관이 없고 죄의 영향력 아래, 죄의 지배 아래 살아가는 상황을 말한다(6:20). 그 결과로 거두게 될 열매는 말하기도 부끄러운 것으로, 그 마지막은 사망이다(6:21). 우리는 어떤 종류의 자유를 누리고 있는가? 죄에 대해 자유를 얻고 죄의 영향력에서 완전히 벗어나 자유를 누리고 사는가? 아니면 죄의 노예가 되어 의와는 전혀 상관없이 의에서 벗어나 살고 있는가?

우리가 부름받은 것은 죄로부터 자유함(freedom from sin)을 얻고 의로 살아가는 자유(freedom to righteousness)를 얻은 것이다. 그런데도 죄로부터 자유함을 얻은 사람이 다시 죄로 돌아가는 자유(freedom to sin)를 누리고 산다면 이것이야말로 개가 그 토하였던 것으로 돌아가고 돼지가 씻었다가 더러운 구덩이에 도로 누워 버린 결과가 될 것이다(벧후 2:22). 우리는 하나님에게서 좋은 것들을 많이 받았다. 우리의 시간과 돈, 성품, 재능, 그 밖의 다른 모든 것을 선물로 받았다. 무엇을 위해 이것을 투자할 것이냐 하는 중요한 질문이 내게 주어졌다.

어느 농부도 열심히 농사 지어 벌레 먹고 썩어 버린 열매를 거두려고 하지는 않을 것이다. 전도서 저자는 세상 사람들 중 자기에게 해가 되도록 자기 재물을 지키거나 투자하고 있는 어리석은 사람의 이야기를 하고 있다(전 5:13). 나는 어떤 사람일까? 나의 모든 것을 자랑스러운 일을 위해 투자하고 있는가? 아니면 부끄러운 것을 위해 투자하고 있는가?

기억하자! 우리는 죄에 대해 죽었다. 죄에 대해 자유를 얻었고 죄와는 아무 상관이 없는 사람이다. 죄를 지은 대가는 사망이고, 하나님이 우리에게 주신 은혜의 선물은 그리스도 우리 주 안에 있는 영원한 생명임을 기억하자! 이 생명을 누리기 위해 "나는 선한 싸움을 싸우고 나의 달려갈 길을 마치고 믿음을 지켰으니 이제 후로는 나를 위하여 의의 면류관이 예비되었다"(딤후 4:7~8)고 한 사도 바울처럼 자신 있게 말할 수 있는 우리 모두가 되자. 죄로부터 완전히 자유를 얻고 하나님 자녀답게 살자!

::

## 깊이
## 읽기 _ 심는 대로 거두는 하나님의 법칙

우리의 몸은 중립이다. 몸 자체는 선도 악도 아니다. 어떤 것을 위해 사용하느냐에 따라 결과가 달라진다. 원래 우리의 몸은 불의의 병기가 아니라 하나님께 드려야 할 의의 도구다. 따라서 죄가 우리를 지배하지 못하도록 하되 제대로 쓸 곳에 사용하는 것이 가장 지혜롭고 합리적이며 이상적인 것이다.

그리스도 안에서 죽음과 장사와 부활을 거친 그리스도인들은 자신의 정체성을 지켜야 한다. 신자는 하나님 나라의 시민이며 더 이상 죄 왕국의 법과는 관계가 없다. 그 법보다 훨씬 더 높은 하나님 나라의 은혜의 법 아래 있으므로 하늘나라 시민답게 살아야 한다.

은혜 아래 있는 것을 범죄의 구실로 삼는 것은 참 은혜 아래 있는 것이 아님을 보여 주는 것이다. 신자는 죄의 종이 아니지만 현실적으로 자신이 죄의 도구로 쓰이도록 순종하면 아주 어리석고 불합리한 삶을 살고 있는 것이다. 아무리 귀중한 은혜라도 누리지 못하는 사람에게는 아무 소용이 없다. 의의 종으로 사는 특권을 누리며 살아야 한다. 죄의 유혹, 육체의 소욕이 내 마음에 둥지를 틀지 못하게 하라.

"새가 머리 위로 지나갈 수는 있으나 머리에 앉게 하지는 말라" (마르틴 루터).

자신에게 주어진 자유를 누리자. 오랫동안 사로잡혀 있던 노예 근성에서 벗어나자. 죄의 종이 되었을 때 인간은 자유를 선택할 수 없었다. 인간은 선택해서 죄를 짓거나 의를 행한 것이 아니라 의와는 전혀 상관이 없는 자였다.

죄의 종이었을 때는 사망이라는 부끄러운 열매를 맺었다. 심는 대로 거두는 것은 하나님의 법칙이다. 열심히 수고해서 죽음의 열매를 거두는 것이 인생이다. 그러나 죄에서 해방된 사람들은 하나님의 종이 되어 거룩한 영생의 열매를 거둔다. 이것은 하나님이 은혜로 거저 주시는 선물이다. 우리의 몸과 시간과 물질과 재능을 열심히 사용하여 부끄러운 열매를 거둘 것인가, 아니면 자랑스러운 열매를 거둘 것인가? 거룩한 삶을 살자.

# 4

## 죄의 속박에서 해방되다 <sup>롬</sup> 7:1~25

- 하나님은 왜 인간에게 율법을 주셨을까?
- 율법은 인간의 죄를 보여 주는 거울
- 투쟁하는 두 개의 나

:: 

# 하나님은 왜
# 인간에게 율법을 주셨을까? 7:1~12

예수 믿고 난 이후에도 계속 죄를 짓는 것은 이해하기 힘든 상황이
다. '죄에 대해 죽었는데도 어째서 또 죄를 짓게 되는 것일까? 내가
죽었다는 것이 사실인가?'

 

바울은 로마서 7장 전체를 통해 인간을 지배하고 있는 법칙, 특
히 율법에 대해 말하고 있다. 성경에서 말하는 율법(The Law, 토라, 노
모스)은 여러 가지 의미를 지닌다. 우리가 흔히 생각하듯 항상 부정
적인 의미만 지니고 있는 것은 아니다.

첫째, 율법은 하나님의 계시로 알게 되는 모든 하나님의 뜻을 말
한다. 둘째, 율법은 세상에서 모든 것을 지배하고 있는 일반적인 기
본 원칙, 법칙 들을 가리킨다. 1~3절에 언급된 '법 아는 자들', '남편
의 법'은 사회에서 통용되는 법들로서 국가와 사회의 법률도 여기에
속한다. 셋째, 율법은 은혜와 대치되는 개념으로, 인간이 하나님 앞
에서 지켜야 하는 것, 구약성경에 나타난 모든 행위 기준을 의미한

다. 율법의 세 번째 의미는 좁은 뜻에서 구약성경 중 모세 오경만을 가리키며, 범위를 더 좁혀서 모세가 시내 산에서 받은 계명만을 의미하기도 한다.

예수를 믿는 그리스도인들의 가장 큰 고민은 죄의 문제다. 예수 믿기 전에도 죄의 문제로 고민하는 사람들이 많이 있다. 그러나 그리스도인들의 고민은 아주 다른 입장에서 부딪히게 되는 죄의 문제다. 6장에서 사도 바울은 예수 믿는 사람들이 그리스도와 합하여 세례 받을 때 죄에 대해서는 죽었고 하나님에 대해서는 살았다고 선언했으며, 그에 합당하게 살라고 권면하였다.

예수 믿기 전에 죄를 짓는 것은 당연하다고 치자. 그런데 예수 믿고 난 이후에도 계속 죄를 짓는 것은 이해하기 힘든 상황이다. '죄에 대해 죽었는데도 어째서 또 죄를 짓게 되는 것일까? 내가 죽었다는 것이 사실인가?' 이런 질문과 함께 일어나는 또 다른 의문은 '내가 죽었는데 나로 하여금 죄를 짓게 만드는 나는 누구인가?' 하는 자기 존재와 본질에 관한 것이다.

이런 의문들에 대해 바울은 로마서 7장에서 근본적인 해답을 제시하고 있다. 먼저 그리스도인과 율법과의 관계를 논하고, 다음으로 그리스도인의 새로운 자아에 관해서 설명한다. 내가 죄에 대해 죽었다는 것은 나를 죄인이라고 정죄하는 기준이 되는 율법에 대해 내가 죽은 것을 말한다(7:4).

실존주의 철학의 시조인 키에르케고르는 『죽음에 이르는 병』이란 책에서 인간을 정의 내리기를, '자기(自己)라는 자기 자신에 관계하는 관계다'라고 표현했다. 바울이 로마서에서 그리스도인이 죄에 대해 죽었다는 것, 즉 그리스도인과 죄의 관계가 죽었다고 한 것은 얽매었던 죄의 줄이 끊어졌다는 의미다. 다시 말해 그리스도인과 율법의 관계가 단절되었다는 것이다(7:4).

이러한 사실의 이해를 돕기 위해 바울은 결혼관계를 예로 들고 있다. 어느 나라 어느 문화에서나 한 남자와 한 여자가 만나 결혼할 때, 그 관계는 죽음이 둘 사이를 갈라놓을 때까지 계속되며 결혼의 약속은 반드시 이행되어야 함을 강조한다. 특히 그리스도와 그리스도인과의 관계가 신랑과 신부에 비유되는 것을 생각할 때, 율법과의 관계를 결혼에 비유한 것은 깊은 의미를 지닌다.

이어서 바울은 우리가 어떤 경로를 통해 어떻게 율법과 관계를 맺게 되었는지 7장 5절에서 설명하고 있다. 이 일은 우리가 육신에 있을 때에 일어났다. '육신'이란 단어가 영어성경(NIV)에는 '죄의 본능(sinful nature)'이라 되어 있다. 이 죄의 본능이 율법을 통해서 죄의 열매를 맺고 우리를 사망으로 이끌어 간 것이다. 육신 자체가 큰 문제는 아니다. 육신에 있는 죄의 정욕이 우리 속에서 활동하도록 방치한 것이 문제다. 하나님이 우리에게 율법을 주신 목적은 우리가 그 율법을 지키도록 우리 행위의 기준으로 주신 것이다.

그런데 이해하기 어려운 것은 구원으로 이끌기 위한 율법 때문에 더욱 더 죄를 짓게 된다는 사실이다. 율법이 없을 때는 죄를 알지 못했다(7:7). 죄에 대한 기준이 없었기 때문이다. 죄를 모를 때 나는 그 어느 것에도 구속받지 않았고, 생생하게 살아 있었다. 그러나 율법이 주어진 후 상황은 달라졌다. 우리 행위의 기준인 계명이 율법을 통해 주어졌을 때 죄는 살아났고, 그 결과로 나는 죽어 버리고 말았다(7:9).

어떻게 이런 일이 가능한가? 어째서 우리에게 생명을 주려고 수여된 율법이 오히려 사망을 가져오는 결과가 나타났을까(7:10)? 아담 이래로 변명의 천재인 인간은 또 변명을 늘어놓는다. 즉 인간은 잘못이 없는데 율법이 잘못 아니냐는 지적이다. 우리는 얼마나 자주 이런 질문에 빠졌는가! 사태를 정확하게 진단하는 지혜가 필요하다. 율법과 율법이 명하는 계명에는 전혀 잘못이나 부족함이 없다. 다만 인간 내부에 큰 고장이 발생한 것이다. 겉으로 보기엔 멀쩡한 인간들이지만, 아주 깊은 내면에서는 큰 말썽이 생겼다. 그것은 바로 아담이 지은 한 번의 실수로 인간 속에 유전되고 있는 죄의 본성이다(5:12).

인간이 탐심을 보이지 않다가도 율법이 '탐내지 말라'고 하자마자 곧 인간은 탐심을 내게 된 것이다(7:7). 인간 속에 있는 죄의 본성이 죄지을 기회만 노리다가 '하지 말라'는 계명에 오히려 '하라'는 것으로 반응을 보이는 청개구리 같기 때문이다(7:11). 다시 말하면 율법은 거룩하고 의로우며 선한 것이다(7:12). 우리 자신에게 문제가 있다. 이 사실을 인정하자.

아무리 훌륭한 구원의 선물을 주어도 인간은 그 선물의 가치를 알지 못하고 누리지 못한다. 선물을 강제로 줄 수는 없다. 여기에 바로 하나님의 고민이 있다. 하나님이 모든 좋은 것을 다 준비해 놓고 아담이 그것을 완전하게 누리기를 원했을 때 아담은 실패했다.

오늘날도 하나님은 영생의 축복을 마련하여 인간에게 주기를 원하고 계신다. 그러나 강제로 하실 수는 없다. 하나님이 마련하신 해결책은 인간으로 하여금 그 선물이 얼마나 좋은 것인지, 또 인간에게 왜 그 선물이 필요한지를 깨닫게 하는 방법이다.

어느 인간도 자신의 행위로 율법의 계명을 지켜서 구원을 얻을 수 없다. 그렇다면 왜 율법을 인간에게 주셨을까? 인간을 우롱하려는 것인가? 절대로 아니다. 하나님은 인간의 인격을 무시하지 아니하신다. 하나님은 인간을 하나님의 모양을 따라 하나님의 형상대로 지으셨다(창 1:26). 인간을 하나님처럼 지으시고 하나님과 대등하게 대우해 주신 것이다. 따라서 인간 스스로 선택하여 구원의 은혜를 누릴 수 있도록, 하나님의 능력으로 강권해서 인도하시는 것이다. 바로 이런 목적으로 율법과 그 계명을 주신 것이다.

::
깊이
읽기 _ 묵은 율법을 버리고 새 영으로

그리스도인이 예수 믿고서 죄에 대해 죽었는데도 죄를 짓는 이유는 무엇인가? 신자들이 자신의 정체성을 갖지 못했기 때문이다. 그리스도인은 죄에 대해 죽었을 뿐 아니라 율법에 대해서도 죽었다. 예수님을 믿기 전에는 고약한 남편인 율법을 만나 꼼짝 못하고 지독한 시집살이를 했으나 그리스도를 믿음으로 율법과의 관계가 죽어 버렸다. 이제 신자들은 율법에 대해 자유를 얻었다.

율법과의 관계에서 벗어난 신자는 부활한 몸으로 예수 그리스도라는 새 남편을 섬기며 하나님 안에서 열매 맺는 올바른 새 가정의 삶을 살아야 한다. 자기를 위해 죽기까지 사랑하신 신랑을 섬기는 새 신부, 교회는 주님께 끝까지 순종해야 한다.

신자들은 그리스도와 함께 율법에 대해 죽었고 그리스도께서 흘리신 십자가의 보혈로 율법의 모든 요구에서 해방되었다. 율법을 따라 순종하며 사는 행위의 열매는 사망에 이르는 것이다. 따라서 새 남편을 섬기는 법은 묵은 율법을 버리고 새로운 영으로 주님을 섬기는 것이다.

새롭게 된 영은 더 이상 외부적인 행동 규제 원리나 의식이나 문자에 사로잡히지 말고 성령님의 인도하심을 따라 살아야 한다.

## ::
# 율법은 인간의
# 죄를 보여 주는 거울 7:13~17

율법은 구원의 수단으로 주어진 것이 아니다. 단지 인간이 자기 속에
온갖 탐심이 가득 차 있는 것을 보고 행위가 아닌 믿음의 법을 바라
고 그리스도께 나오도록 하는 예비적인 기능을 가질 뿐이다.


율법이 주어진 목적은 인간으로 하여금 자기 주제를 파악하도록
하기 위한 것이다. 겉으로만 약아빠진 인간은 자기의 진면목을 올
바로 보지 못하고 심한 착각에 빠졌다. 자기 자신에 대해 무지한 인
간들의 눈을 열어 주기 위해서 율법이 필요했다.

율법이 주어지기 전까지 인간은 우물 안 개구리였다. 우물 안 세
상에서 자신이 최고라고 생각하면서 지내던 인간에게 율법이 주어
졌다. 캄캄한 어둠 속에서는 추녀도 미인 행세를 할 수 있다. 희미
한 등불 아래서 술 취해 몽롱한 사람들의 눈에는 그저 그런 여인들
도 엄청난 미인처럼 보일 수 있다. 이처럼 율법의 잣대가 주어지지
않았을 때 인간은 자기 의에 빠져 심한 착각 속에 살고 있었다.

이런 인간에게 하나님의 잣대, 어둠 속에서 자신이 최고의 미녀라고 환상에 젖어 살던 인간에게 추한 자신의 모습을 볼 수 있는 거울이 주어졌다. 비로소 눈이 열려 자신의 진짜 모습을 볼 수 있는 기회가 주어진 것이다. 물론 그렇게 하기를 원하고 노력하는 사람에게만 그 기회가 주어졌다.

어둠 속에 빛을 비추자 두 가지 반응이 나타났다. 첫째 반응은 어둠과 죄악의 모습이 드러났을 때 오히려 어둠 속으로 자신을 숨기거나 죄악 속에 빠져 버리려는 반응이다. 계명의 '하지 말라'는 것을 기회로 죄를 범하는 자들이다.

율법은 선한 것이다. 이 선한 것의 기준에 따라 인간은 사망의 판결을 받게 된다. 그러나 잘못된 것은 율법이 아니라 그 율법에 어긋나게 행동하는 인간이다. 즉 율법이 주어진 목적은 '오직 죄가 죄로 드러나기 위한 것'이다. 다른 말로 하면 "계명으로 말미암아 죄로 심히 죄 되게 하려 함"(7:13)에 있다. 이것이 바로 율법을 우리에게 주신 하나님의 근본 취지다.

두 번째 반응은 율법을 주신 하나님의 근본 취지에 맞게 율법에 비추어 자신의 참 모습을 깨닫는 것이다. 이러한 반응을 보인 사람들 가운데 대표적인 인물이 바로 바울이다. 그는 율법 앞에서 자신의 추한 모습과 도저히 구원받을 가능성이 없는 무능함의 늪과 절망의 심연을 경험하였다.

자기 자신에게 좀 더 솔직해지자. 자기 자신도 알 수 없는 자기의 모습을 보기 전에는 아직 자기 자신을 발견한 것이 아니다. 인간은 그렇게 강하거나 선한 존재가 아니다. 죄 앞에 인간은 무력하다. 인간은 자신이 원하는 것, 마음먹은 것을 행할 수 있는 의지도, 능력도 없다(7:15). 오히려 자신이 원하지도 않는 미워하는 것을 행하고 있는 모순된 존재일 뿐이다.

이것이 바로 인간이 죄의 노예 상태에 있음을 보여 주는 상황이다. 모든 인간은 죄의 노예가 되어 '육신에 속하여 죄 아래' 팔려 버렸다(7:14). 인간의 적나라한 현실은 어느 누구도 자기가 원하는 진정한 자유인으로 존재하는 이가 하나도 없다는 사실이다. 모두 죄의 노예가 되어 버렸다. 아담 한 사람이 죄의 노예가 된 이래 노예의 후예는 계속 노예로 남게 되었다.

## :: 깊이 읽기 _ 환경이 아니라 내면이 변해야

율법은 구원의 수단으로 주어진 것이 아니다. 단지 인간이 죄인으로서 자기 속에 온갖 탐심이 가득 차 있는 것을 보고 행위가 아닌 믿음의 법을 바라고 그리스도께 나오도록 하는 예비적인 기능을 가질 뿐이다.

율법이 없을 때는 죄의 기준이 제시되지 않아서 죄를 범하면서도 그것이 죄인 줄 깨닫지 못한다. 그러나 율법을 열심히 알면 알수록 자기 속에 있는 온갖 죄들이 나타나서 인간의 죄인 됨을 증명한다. 더 나아가서 율법이 기준을 제시하면 인간의 내부에 잠재해 있던 욕심이 정체를 드러내며 인간이 죄인임을 증명해 보인다. 마음 속에 잠자고 있는 죄가 아직 깨어나지 않았다고 자신의 마음이 깨끗하다고 말할 수는 없다.

문제는 율법이나 계명에 있지 않고 그 선한 것들을 지킬 수 없는 인간의 무능력 내지는 율법과 계명을 어기고 싶어 하는 인간 내부에 숨어 있는 죄의 경향성과 옛사람에 있다. 죄의 문제는 근원적인 치료를 필요로 한다.

죄는 선한 율법과 계명을 이용하여 인간이 죄를 짓도록 유혹한다. 선한 것이 제시되어도 자신이 선을 행할 능력이 없으면 아무 유익이 없다. 외부 환경이 아니라 인간 내부가 변해야 한다.

##  ::
# 투쟁하는 두 개의 나 7:18~25

바울이 자신을 죄인의 괴수라고 부를 때 이것은 절대로 과장하여 말한 것이 아니었다. 오히려 문자 그대로 바울은 자신의 그 많은 죄를 보았던 것이다. 나는 자신을 얼마나 큰 죄인이라고 생각하는가?

자기 자신이 노예 상태인 것을 제대로 볼 수 있는 자만이 자유인이 될 가능성이 있다. 다른 심리적 질병도 마찬가지이지만, 알코올 중독자를 치료하는 첫 번째 단계는 자기 자신이 알코올 중독자임을 인정하는 것이다.

우리가 죄에서 벗어날 수 있는 가장 근본적인 출발점은 우리가 죄인임을, 어쩔 수 없는 큰 죄인임을 인식하는 일이다. 성자일수록 자신이 큰 죄인임을 고백한다는 말은 진리다. 자신이 의인이라고 착각하는 자는 절대로 의인이 될 수 없다.

바울처럼 이 괴로운 절망의 탄식을 경험해 보지 않은 사람은 절대로 하나님 은혜의 깊이를 맛볼 수 없다. "내 속 곧 내 육신에 선한 것이 거하지 아니하는 줄"(7:18)을 아는 것, 이것이 바로 사도 바울의 위대함의 시작이었다. 바울이 자신을 죄인의 괴수라고 부를 때 이것은 절대로 과장하여 말한 것이 아니었다. 오히려 문자 그대로 바울은 자신의 그 많은 죄를 보았던 것이다. 나는 자신을 얼마나 큰 죄인이라고 생각하는가? 내 속에서 발견하는 죄의 크기에 비례하여 우리는 하나님의 사랑과 은혜를 체험할 수 있다.

바울의 죄인 체험은 예수 믿기 전에 느끼던 것과는 전혀 다른 차원에서의 죄 인식이다. 예수 믿기 전에는 내가 죄를 짓는다고 생각했으나 예수 믿고 그리스도 안에서 함께 죽은 다음에는 다른 주체가 죄를 짓는다. 즉 자신도 어쩔 수 없이 하게 되는 행위의 결과다. 내 속에 있는 또 하나의 자아를 발견해야 한다.

바울은 "만일 내가 원하지 아니하는 그것을 하면 이를 행하는 자는 내가 아니요 내 속에 거하는 죄니라"(7:20) 하며 탄식하고 있다. 예수 믿고 거듭난 우리의 속사람은 하나님의 법을 즐거워하지만 우리 지체 속에서 실질적인 주인 노릇을 하고 있는 것은 바로 함께 거하고 있는 죄이다(7:22~23). 이 원죄의 존재를 절실하게 느끼는 사람만이 바울과 같이 절규하며 하나님께 나아올 수 있다. "오호라 나는 곤고한 사람이로다 이 사망의 몸에서 누가 나를 건져내랴"(7:24)라는 탄식을 해 본 사람만이 하나님의 은혜를 마음껏 즐길 수 있다.

이 탄식에 대한 해답이 7장 마지막 절에 제시되고 있다. "우리 주 예수 그리스도로 말미암아 하나님께 감사하리로다 그런즉 내 자신이 마음으로는 하나님의 법을 육신으로는 죄의 법을 섬기노라"

(7:25). 이에 대한 자세한 설명은 8장에 나오지만, 사실은 7장 서두에서 이미 결론을 제시했다. 즉 이 모든 죄와 율법의 문제에서 해방된 그리스도인의 새로운 관계 정립에 관한 것이다.

모든 그리스도인은 "그리스도의 몸으로 말미암아 율법에 대하여 죽임을 당하였으니"(7:4), 이제는 율법에 의해 발생되는 죄와의 관계에서 완전히 자유를 얻은 것이다. 이것이 바로 그리스도인들이 이제는 죄와 아무 상관이 없다는 선언의 의미다. 즉 인간은 율법의 행위로는 도저히 완전해질 수 없다는 선언이자, 그리스도를 믿는 자들은 더 이상 율법 아래 있지 않다는 선언이다.

이처럼 죄의 노예로서 비참함을 체험한 사람에게는 그 죄로부터의 해방이 깊은 의미를 가져다준다. '두 개의 나'로 인한 투쟁을 경험한 사람에게는 바울이 말한 결혼의 비유가 설득력 있게 들린다. 즉 그리스도인은 옛날에 섬기던 율법이란 남편에 대해 죽었고, 이제 새로운 남편인 그리스도를 모시고 하나님을 위하여 열매를 맺는 새로운 관계에 들어섰다는 뜻이다.

새로운 관계에 들어선 그리스도인들이 갖추어야 할 새로운 자세가 있다. 율법에서 자유롭게 되었다는 의미는 절대로 율법 없이 지내도 된다거나 율법을 어기면서 살아도 된다는 의미가 아니다. 율법으로부터 진정 자유롭게 되었다는 것은 율법에 얽매여 사는 것이 아니라 오히려 "이제는 우리가 얽매였던 것에 대하여 죽었으므로 율법에서 벗어났으니 이러므로 우리가 영의 새로운 것으로 섬길 것이요 율법 조문의 묵은 것으로 아니한다"(7:6)는 뜻이다. 이제 그리스도인들은 율법을 뛰어넘는 새로운 영의 법을 가지고 살게 되었다. 이것이 바로 사도 바울이 7장 25절에서 감사드리는 이유다.

그러나 반드시 언급하고 넘어가야 할 사실이 있다. 그것은 인간이 짓게 되는 하나하나의 죄에 대한 책임 소재의 규명이다. 아담과 하와는 죄를 짓고 나서 그것은 자신의 잘못이 아니라 죄를 짓도록 유혹한 여인 또는 뱀의 모습을 한 사탄 때문이라고 변명하면서 책임을 회피하려고 하였다. 그러나 이러한 책임 전가는 실패했다.

모든 그리스도인이 투쟁하는 '두 얼굴의 나'의 싸움은 그리스도께서 다시 오시는 날, 우리의 썩어질 몸이 주님이 입으신 것 같은 영광의 몸의 형체로 변화되기 전까지 계속될 것이다(빌 3:21). 내 속에 죄가 들어와 나를 사로잡아 간다면서 내가 짓는 죄는 나의 책임이 아니라고 변명하려 해서는 안 된다. 누가 뭐래도 죄를 지은 주체는 바로 나다. 내가 나 아닌 다른 주체인 죄에게 넘어간 것은 내 잘못이다. 누군가 어떤 수단과 방법을 써서 나를 죄 아래로 끌고 갔다 하더라도 그 책임은 반드시 내가 져야 하는 것이다. 하나님 앞에서 우리가 심판받는 것은 나의 나쁜 행위들이 아니다. 그런 나쁜 행위를 하도록 결정하고 죄에 끌려간 나 자신이다.

굉장히 불쌍한 두 가지 유형의 사람들이 있다. 그것은 구원받지 못한 사람이 그리스도인 행세를 하며 사는 것과, 구원받고 그리스도의 자녀가 된 사람이 세상 사람들처럼 살아가고 있는 모습이다. 위의 두 종류 사람 중 어느 유형의 사람도 죄의 문제를 해결하지 못한 채 살아가고 있다. 나는 어느 유형의 사람으로 살고 있는가?

# 깊이
## 읽기 _ 죄에 중독된 사람들

문제의 근원은 내 속에 있는 것이며, 율법과 계명의 목적은 죄가 죄로 드러나게 하는 것이다. 나의 본질적인 모습을 볼 수 있어야 한다. 지금 악을 행하고 있는 것은 나의 진정한 모습이 아니다. 원죄가 내 속에 거하고 있는 것이다. 자신의 진정한 모습을 발견하는 것은 구원을 얻기 위해 반드시 거쳐야 할 단계다.

내 속에 선한 것이 존재하지 않으며 선을 원하면서도 행할 수 없다는 고백은 인간이 완전히 타락했으며 선을 행할 능력이 없음을 고백하는 것이다. 내 속에 거하는 또 다른 나의 고백은 인간의 원죄에 대한 고백이다. 선을 행하기 원하는 나 자신과 죄를 짓도록 만드는 죄의 법이 싸우고 있는데, 이때 언제나 죄의 법이 이긴다.

선을 행하고 싶지만 행하지 못하는 인간의 곤고함은 인간을 절망의 심연 속에 빠뜨린다. 올바른 주체를 찾고 난 후에는 더욱 절망하게 된다. 문제의 해결책은 인간에게서 나오지 않는다. 오직 예수 그리스도를 통해서 하나님이 주신 해결책만이 인간의 마음속 깊은 곳에서 하나님께 감사드리게 만든다.

절망의 깊은 심연에서 탄식해 보지 않은 사람은 그 심연에서 부활하여 날아오르는 기쁨을 맛볼 수 없다. 철저한 죄의 고백은 축복을 체험할 수 있는 비결이다.

# 5

## 인생의 X-파일,
## 해법은 있다 <sup>롬 8:1~17</sup>

· 구원으로 가는 길

· 하늘나라 시민 되기

· 그리스도인의 행복 방정식

## 구원으로 가는 길 8:1~4

예수님을 영접하고 하늘나라 시민으로 태어난 우리에겐 성장해야
하고 성숙해야 할 일이 남아 있다. 그것은 하늘나라 시민답게, 거룩
한 하나님의 자녀답게 살며 하나님의 성품을 드러내는 것이다.

그렇게 많은 종교 중 왜 유독 기독교만이 유일한 구원의 길인
가? 그 근본적인 이유는 다른 종교는 로마서 7장에 나오는 탄식에
만 이르고 그 해결책을 제시하지 못하기 때문이다. 심지어 많은 종
교는 7장의 탄식에조차 이르지 못하고 있다. 인간은 무한한 가능성
을 지니고 있으며, 교육만 잘 시키면 이 땅을 지상낙원으로 만들 수
있다고 가르치는 종교도 있다.

그러나 대부분의 종교는 인간의 부족함과 죄악과 불합리성을 인
정하며 나름대로 해결책을 제시하고 있다. 하지만 모두 자기기만
내지는 무익한 해답만을 제시하고 있다. 기독교가 다른 종교와 근
본적으로 다른 것은 로마서 7장에 언급된 것과 같은 깊은 수렁의 죽

108 세계를 바꾼 책, 로마서

음 골짜기에서 헤어날 수 있는 완전한 해결책을 제시하고 있는 점이다.

7장에서 바울은 인간의 최대 비극, 즉 지독한 죄의 구렁텅이에 빠져 있다는 사실을 발견했다. 뿐만 아니라 그곳에서 탈출할 길이 없다는 절망에 빠져 탄식하고 있는 자신의 모습을 말하면서 거룩하게 살고자 하는 사람들의 깊은 고뇌를 나타내고 있다.

현재 그리스도인들에게 반드시 가르쳐야 할 필수적인 내용이 있다면 그것은 구원의 올바른 개념이다. 구원은 절대로 행위로 이루어지는 것이 아니다. 예수님을 영접했다는 사실 하나로 구원이 끝나 버렸다고 생각하는 것은 아주 위험한 교리다. 그것은 시작일 뿐이다. 한 사람이 예수 그리스도를 주님으로, 하나님으로 영접했다고 해서 구원이 완성된 것은 아니다. 예를 들면, 왕궁에서 왕자가 태어났다고 해서 새로운 왕이 생긴 것은 아니다. 그 왕자가 성장하고 성숙해야 왕위에 오를 수 있게 된다.

마찬가지로 예수님을 영접하고 하늘나라 시민으로 태어난 우리에겐 성장해야 하고 성숙해야 할 일이 남아 있다. 그것은 하늘나라 시민답게, 거룩한 하나님의 자녀답게 살며 하나님의 성품을 드러내는 것이다. 하나님의 자녀로 성장하면서 하나님 닮은 모습들이 우리 성품과 생활 속에 나타나야 한다.

로마서 7장의 극렬한 고민을 다시 정리하면, 선하게 살고자 하는 내 안에 또 다른 죄인인 내가 있어서 죄를 짓게 하는 사실을 발견하고 나도 나를 어쩔 수 없다는 절망감으로 탄식하다가, 마지막에 감사와 찬송으로 혁명적인 전환을 이루면서 8장으로 넘어간다. 이런 전환점의 감격을 맛보지 못한 사람은 아직 복음과 은혜의 깊이를 완전히 체험하지 못한 것이다.

　　모든 그리스도인은 죄를 심각하게 생각해야 한다. 뿐만 아니라 죄 문제를 해결 받고 살아가야 한다. 그 해결책은 바울의 감사 찬송(7:25)에 나오듯이 예수 그리스도를 통해 하나님이 주신 것이다. 인간으로는 절대로 구원을 얻을 수 없다. 그러나 사람이 할 수 없는 것을 하나님이 하실 수 있고 허락해 주셨다(8:3). 어떻게 해야 죄인인 인간이 구원을 얻을 수 있으며, 이 구원을 완성시켜서 예수님이 입으신 것과 같은 영광의 몸으로(빌 3:21) 변화될 수 있는지, 로마서 8장이 그 자세한 과정을 설명해 주고 있다.

::
## 깊이
## 읽기 _ 성령의 날개를 타고 날아오르라

　　그리스도 예수 안에 있는 자에게 결코 정죄함이 없다는 것은 얼마나 큰 축복인가? 죄를 정하는 이도 없으며, 판결 후에 오는 형벌도 없다. 그러나 우리는 정말 '그리스도 예수 안에' 있는가? 즉 믿음(세례)으로 그리스도와 연합하여, 교회의 한 지체로 그리스도의 몸속에서 살아 있는 유기체로 공동생활을 하고 있는가? 혹은 순전히 우리의 의지력으로 신앙생활을 하고 있는가? 우리 자신의 힘만으로 살아간다면 타락으로 끌어당기는 죄와 죽음의 법칙에 묶여 있을 수밖에 없다. 그러나 우리가 우리 안에 살아 계신 성령님께 자신을 전적으로 맡기고 주님을 의지하는 마음을 늘 갖고 살면 우리는 죄와 사망의 법에서 해방된다.

만일 당신이 순전히 의지력으로 살고 있다면, 그리스도인으로서 당신의 삶은 아직 하늘을 날지 못하고 있는 것이다. 그러나 자신을 그리스도께 온전히 맡기는 그 순간 당신은 죽음에 이르는 육의 삶에서 해방되어 성령의 날개를 타고 떠오르게 될 것이다.

그리스도 예수 안에는 정죄함이 없고(8:1), 참 자유가 있으며(8:2), 참 승리가 있고(8:3), 참 의(8:4)가 있다.

하나님의 영이 우리를 채우시지 않는 한 우리의 영은 실패한다. 인간의 방법으로 불가능함을 인정하는 것이 신앙의 첫걸음이다.

::
# 하늘나라 시민 되기 8:1~17

아람어의 '아비'와 '아빠'는 우리말과 거의 같다. 멀리 있는 무서운 아 버지가 아니라 언제라도 옆에 있으면서 보호해 주고 인도해 주는 나 의 아빠가 되어 주신 분이 바로 하나님 아버지시다.


로마서 8장 1절은 어마어마한 폭탄선언으로 시작하고 있다. 어 떤 일이 있어도 "그리스도 예수 안에 있는 자에게는 결코 정죄함이 없다"(8:1)는 사실이다. 이것이 바로 예수 믿는 모든 사람이 성령으 로 거듭나는 순간에 보장받는 위치적인 구원(positional salvation)이 다. 다시 말하면 신분상 구원받은 것이다. 그리스도인은 전혀 새로 운 차원, 즉 사망에서 생명으로 옮겨진 것이다(요 5:24).

모든 신자가 반드시 기억해야 할 점은 이런 사건이 그냥 요술을 부리듯 하나님의 말씀 한마디로 이루어진 것이 아니라는 사실이다. 인간의 육신이 연약하여 율법을 지킬 수 없어서 마땅히 형벌을 받 아야 할 때 하나님이 그 문제를 해결해 주셨다(롬 8:3). 하나님의 법칙을 조금도 깨뜨리지 않으시고 '죄의 값은 사망'이란 원칙도 충족시키면서 그리스도인들의 구원을 이루셨다. 그것이 바로 "자기 아들을 죄 있는 육신의 모양으로 보내어 육신에 죄를 정하사…율법의 요구가 이루어지게"(8:3~4) 하신 것이다. 이것은 모든 그리스도인, 즉 "육신을 따르지 않고 그 영을 따라 행하는"(8:4) 우리에게 참다운 해방을 가져다주었다.

예수 믿는 사람과 믿지 않는 사람의 근본적인 차이는 어떤 법을 따라 살아가는가에 있다. 그리스도인들은 죄와 사망의 법에서 완전히 해방되었고 생명의 성령의 법에 지배받고 있다(8:2). 우리가 살고 있는 왕국이 달라졌다. 우리는 하늘나라의 시민이 되었고 더 이상 사탄이 왕 노릇 하는 이 세상에 매여 있지 않다. 어떤 사람이 참 그리스도인지 아닌지를 가늠하는 잣대는 그 안에 그리스도의 영이 있는지 없는지를 보는 것이다(8:9). 다른 말로, 성령님이 거하고 계시는가의 여부를 묻는 것이다. 아무리 경건하게 살고 있어도 성령님, 즉 예수의 영이 내 안에 없으면 그리스도인일 수 없다.

바울은 성령을 '하나님의 영'(8:9, 11, 14), '그리스도의 영'(8:9) 등으로 표현하고 있는데, 삼위일체의 교리를 찾아볼 수 있는 중요한 구절들이다. 성령님에 대해 하나님의 영, 그리스도의 영이라는 각각 다른 명칭을 쓴 것은 그것과 연관되어 우리에게 주어지는 하나님의 은혜를 설명하려는 특별한 목적 때문이다. 즉 하나님의 영이 거한 자는 하나님의 자녀가 된다(8:14). 예수님을 부활시키신 하나님의 영이 우리 안에 거한다고 할 때 우리 역시 부활에 동참할 수 있다는 것이다(8:11). 그리스도의 영을 지녔다고 할 때는 우리가 그리스도의 사람임을 강조하는 것이다(8:9).

이처럼 성경 말씀의 한 단어마다 특별한 의미와 목적이 있음을 기억하여야 한다. 신자들이 생명의 성령의 법 아래 있을 때 그들의 행위와는 아무 상관없이 그들은 모든 율법의 정죄에서 면책 받는다. 주 안에서 우리는 죄와 아무 상관이 없어진다. 그 이유는 그리스도인들에게 율법이 더 이상 구속력을 갖지 못하기 때문이다. 그것은 마치 한 나라의 외교관이 그 나라를 대표하여 다른 나라에 대사로 나가 있을 때 그에게는 자국법이 적용되고 주재하는 나라의 법이 미치지 못하는 것과 같다. 즉 치외법권과 같은 원리다.

모든 그리스도인은 이 땅에 살지만 세상에 속해 살지 않고 그리스도의 대사로서 치외법권을 누리며 살아가고 있는 것이다. 그러나 치외법권에도 불구하고 외교관이 주재국의 법을 함부로 범하기는커녕 오히려 자국의 명예를 위해 모든 일에 조심하는 것처럼, 그리스도인들도 세상의 법과 율법을 무시해서는 안 된다. 그리스도인들은 율법보다 더 완전하고 더 높은 생명의 법, 성령의 법을 따라 살아가야 함을 기억해야 한다.

1945년에 제2차 세계 대전이 끝난 것을 알지 못한 채, 29년 동안 필리핀의 정글에 숨어서 전투를 계속하며 항복하지 않았던 일본군 장교가 있었다. 이와 비슷한 일이 우리에게도 일어나고 있다. 전쟁(war)은 이미 끝났지만 전투(battle)는 아직도 우리 몸에서 계속되고 있다. 그리스도와 사탄과의 전쟁은 이미 십자가에서 끝나 버렸다. 주님이 "다 이루었다"(요 19:30)고 하셨을 때 전쟁은 끝났지만, 우리 지체의 정글 속에서는 아직도 전투가 계속되고 있다. 사도 바울은 전쟁이 끝났음을 선언하면서 더 이상 패전국을 위한 전투를 하지 말고 승전국을 위한 참된 헌신을 하라고 강조하고 있다.

육신의 생각은 하나님과 대적 관계, 원수 관계에 놓여 있다(롬 8:7). 우리는 더 이상 육신을 따라 살아서는 안 된다. 육신의 생각은 사망이고 성령의 생각은 생명과 평안인데(8:6), 어떤 것을 따라야 할 것인가? 대답은 너무나 명백하다. 육신의 생각에서 나오는 것은 아무리 노력해도, 아무리 훌륭해 보여도 하나님의 법을 따를 수 없다. "육신의 생각은 하나님과 원수가 되나니 이는 하나님의 법에 굴복하지 아니할 뿐 아니라 할 수도 없음이라"(8:7). 성령을 따르지 않고 믿음으로 행하지 아니하는 모든 것이 죄일 뿐이다.

육신을 따라 살 것이냐, 성령을 따라 살 것이냐? 이것은 가치관의 차이이고 인생관, 생활 목표, 사고방식의 차이를 의미한다. 나는 이 세상을 편하게 사는 육적인 일에만 관심을 갖는가, 아니면 영적인 일, 하나님 나라와 그 의만을 바라고 사는가?

우리의 생활 태도에 중립이란 있을 수 없다. 우리 자신의 주체의식, 분명한 정체성(identity)이 있어야 한다. 내가 누구인지를 알고 살아야 한다. 나는 하나님의 사람이 되었다. 하나님의 영이 거하시기 때문이다. 나는 하나님의 아들답게, 그리스도의 사람답게 살고 있는가, 아니면 "육신에게 져서 육신대로"(8:12) 살고 있는가? 우리 속에 계신 이가 만유보다 크신 분임을 기억하고 살아야 한다. 오늘날이나 바울 당시에나 예수를 믿는다고 하면서도 성령을 따라 살기보다는 육신의 욕심을 따라 사는 사람들이 있다. 그리스도인이라면 그리스도의 사람답게, "영으로써 몸의 행실을 죽이면서"(8:13) 살아야 한다.

어떻게 이런 승리의 삶을 살 수 있을까? 이 전투에서 패배하지 않을 수 있는 비결은 우리 속에 계신 이를 분명히 인식하고 그분의 말씀에 순종하며 사는 것이다. 우리를 자유롭게 하신 성령님은 또한 우리가 그런 삶을 사는 데 필요한 모든 능력을 공급해 주신다. 전투에 임하는 자에게 가장 필요한 것은 용기인데, 우리는 이 용기를 지니고 싸움에 임해야 한다.

우리는 더 이상 무서워할 이유가 없다. 왜냐하면 우리는 "무서워하는 종의 영을 받지 아니하고 양자의 영을 받았기"(8:15) 때문이다. 종은 일이 돌아가는 형편을 잘 이해하지 못하고 주인이 하라는 대로 해야 한다. 따라서 미래에 대한 불안과 언제 어떤 일이 자신에게 닥칠 줄 몰라 전전긍긍하며 두려움 속에서 산다. 그러나 아들은 진행 중인 모든 일을 잘 파악하고 있으며(요 15:14~15 참조), 일의 결정권과 의무까지도 지니고 있다. 우리는 "무서워하는 종의 영을 받지 아니하고 양자의 영을 받았으므로 우리가 아빠 아버지라고 부를"(롬 8:15) 수 있는 특권을 갖게 되었다.

세계의 모든 언어에는 비슷한 점이 있다. '아버지'와 '어머니'를 부르는 말은 특히 공통점이 많다. 아람어의 '아비'와 '아빠'는 우리말과 거의 같다. 멀리 있는 무서운 아버지가 아니라 언제라도 옆에 있으면서 보호해 주고 인도해 주는 나의 아빠가 되어 주신 분이 바로 하나님 아버지시다.

따라서 하나님 아버지와 친밀한 관계를 유지하는 것이 승리하는 신앙생활의 비결이다. 죄를 지었을 때는 언제든지 죄를 고백하고, 다시 내 속에 거하시는 성령님이 나를 주관하시도록 해야 한다. 죄를 고백하여 내뿜고 성령 충만을 간구하는 영혼의 호흡 운동을 계속함으로써 이 친밀한 관계를 유지해야 한다. 그러기 위해서는 늘 깨어 있는 그리스도인이 되어야 한다.

한 가지 놀라운 사실은 그리스도인들이 그렇게 완전한 아들로서 자유와 권리를 누리며 살 수 있도록 하나님이 준비를 완벽하게 해 두셨다는 사실이다. 바로 그리스도인 속에 내주하시는 성령님인데, 성령의 인치심으로 우리는 하나님을 아빠 아버지라 부를 수 있게 되었다. 성령님은 우리가 하나님의 자녀인 것을 가장 확실하게 증언하는 보증인이 되어 주셨다(8:16).

하나님은 우리를 구원하기 위한 만반의 준비를 마치신 후 예수 그리스도를 이 땅에 보내신 것이다. "때가 차매 하나님이 그 아들을 보내사 여자에게서 나게 하시고 율법 아래에 나게 하신 것은 율법 아래에 있는 자들을 속량하시고 우리로 아들의 명분을 얻게 하려 하심이라 너희가 아들이므로 하나님이 그 아들의 영을 우리 마음 가운데 보내사 아빠 아버지라 부르게 하셨느니라 그러므로 네가 이 후로는 종이 아니요 아들이니 아들이면 하나님으로 말미암아 유업을 받을 자니라"(갈 4:4~7).

우리는 하나님의 아들이라는 어마어마한 특권을 가졌기에 어떤 고난도 기꺼이 감내할 수 있다. 우리 모두가 하나님의 후사이며, 그리스도와 함께 공동 상속인이라는 사실은 너무나 놀라운 사건이다. 사실 그리스도인의 삶에서 모든 일의 준비와 진행, 그리고 고난과 어려움은 하나님이 다 예비해 놓으셨다. 그런 다음 하나님은 우리에게 그 열매를 누리도록 허락하셨다.

그러므로 우리는 주님이 허락하시는 기간 동안 이 땅에서 하늘나라 대사로 살면서 어떤 어려움도 기쁘게 받아들일 수 있어야 한다. 현대 기독교에서 무시되거나 기피되고 있는 것들이 있는데, 그것은 십자가의 신학, 고난의 신학을 가르치는 것이다. 신자의 생활은 기쁘고 평안하지만, 이것은 이 세상 기준이 아니라 하늘나라의 영적인 기준으로 말하는 것이다. 옛날이나 지금이나 영생으로 가는 길은 좁다. 의롭게 살려고 하는 자에게는 어려움과 핍박이 오기 마련이다. 건강과 물질의 축복만을 가르치는 신학은 분명히 잘못된 신학이다. 우리는 그리스도와 "함께 영광을 받기 위하여 고난도 함께 받아야 할 것"(롬 8:17)이다.

어떤 그리스도인의 신앙이 진짜인지 가짜인지는 고난의 불 시험으로 알 수 있다(고전 3:13 참조). 거짓 목자, 삯꾼 목자는 이리가 오는 것을 보면 양을 버리고 달아나지만, 선한 목자는 양을 위해 목숨을 버리면서까지 자기 양을 지킨다(요 10:12~15). 마찬가지로 종의 영을 받은 자들은 두려워하고 고난을 피하거니와, 아들의 영을 받은 자들은 기꺼이 주님과 함께 어려움을 꿋꿋이 이겨 낸다.

# 깊이
## 읽기 _ 육신에 속하는가, 영에 속하는가?

우리의 마음을 살펴보자. 육신의 일을 생각하고 있는가, 영의 일을 생각하고 있는가? 세상일과 영혼, 어느 쪽에 머리가 잘 돌아가고 있는가? 어떤 진리와 소식, 위로를 가장 반가워하며 마음에 들어 하는가? 육신의 생각과 영의 생각은 사망과 생명, 그리고 어두움과 빛에 비교할 수 있다. 하나님을 기쁘시게 하는 것이 우리 인생의 최대 목적인데, 육신에 있는 이들은 이를 행할 수 없다.

우리에게 하나님과 그리스도의 영이 있는가(롬 8:9)? 하나님의 영에 의해 움직이는가? 이제 우리가 해야 할 질문은 "우리가 육신에 속하는가, 영에 속하는가?"이고, 또한 "그것을 어떻게 알 수 있는가" 하는 것이다. 누가 우리 마음을 다스리고 지키는가 생각해 보라. 그리스도의 영 없는 자는 주님께 소속된 것이 아니다.

그리스도에게 속한다는 것은 특권이고 영광이다. 성도의 생명은 영혼 속에 담겨 있으며, 성도의 죽음은 영원한 생명에 참여하도록 육체로부터 해방되는 것에 불과하다. 영혼을 일으키시는 성령께서 곧이어 육체도 일으켜 세우실 것이다(8:11).

성령 충만의 여부를 확인하는 방법은 우리 속에 성령으로 거하시는 그리스도의 인격이 점점 뚜렷하게 나타나는가에 달려 있다. 내 생활 속에서 그리스도께서 점점 존귀하게 되고 있는가?

::
# 그리스도인의 행복 방정식 8:12~17

불신자들은 눈앞의 이익만을 바라보고 달음박질하지만, 그리스도인들은 먼 미래를 바라보며 현재의 손해를 마다하지 않아야 한다. 그리스도인들은 장래의 영광을 바라보며 현재의 고난을 이겨 내야 한다.

그리스도인들에게는 기독교 수학이라는 것이 있다. 세상의 수학은 한 평면에서만 계산되는 유클리드 수학이지만, 기독교 수학은 현재뿐만이 아니라 미래를 함께 두고 비교하는 계산법이다. 그리스도인이 불신자와 다른 점은 시간의 간격을 뛰어넘을 수 있다는 사실이다. 불신자들은 당장 눈앞의 이익만을 바라보고 달음박질하지만, 그리스도인들은 먼 미래를 바라보며 현재의 손해를 마다하지 않아야 한다. 그리스도인들은 장래에 주님과 함께 누릴 영광을 바라보며 현재의 고난을 이겨 내야 한다. 이것이 바로 그리스도인의 행복 방정식이다.

문제는 지금 내가 내린 결정과 헌신이 먼 미래를 바라보면서 한 것인가, 아니면 1~2년 앞만 내다보고 한 것인가 하는 점이다. 나는 먼 미래에 주님과 함께 영광을 누릴 그 순간까지도 바라볼 수 있는 눈을 가지고 있는가? 아니면 기껏 이 세상에서 셈한 결과만을 계산하면서 살고 있는가?

바울 사도는 하나님의 아들 된 자들에게 다음과 같이 당부한다. "그러므로 너희가 그리스도와 함께 다시 살리심을 받았으면 위의 것을 찾으라 거기는 그리스도께서 하나님 우편에 앉아 계시느니라 위의 것을 생각하고 땅의 것을 생각하지 말라 이는 너희가 죽었고 너희 생명이 그리스도와 함께 하나님 안에 감추어졌음이라"(골 3:1~3).

## :: 깊이 읽기 _ 하나님 자녀가 되는 특권

우리는 죄로 인해 빚진 자들이다. 그러나 우리가 진 빚은 육체가 아니라 우리를 위해 죽으신 예수 그리스도와 그의 성령님께 진 것이다. 우리가 육신에 매여 살면 더욱 빚진 삶을 살게 된다. 이 빚을 갚는 방법은 육신대로 사는 것이 아니라 몸이 십자가에서 죽은 사실을 인정하고 영적인 일을 위해 사는 것이다.

영이 그 사람의 본질을 증명한다. 하나님의 아들이 보이는 특징은 하나님의 영, 즉 성령으로 인도함을 받으며 사는 것이다. 우리는 연약하여 두려움과 공포에 사로잡히는 세상의 영이 아니라 전능하신 하나님의 영을 받은 하나님의 친 자녀가 되었다. 하나님이 우리의 아버지가 되신 것이다. 하나님을 아버지라고 부르는 사람만이 하나님의 자녀다.

우리가 하나님의 자녀라는 사실에 그 어떤 확실한 보증이 있는가? 아니면 단순히 감정이나 착각으로 하나님의 자녀라고 주장하고 있는 것인가? 아니다! 우리가 하나님의 자녀인 것은 우리 영이 친히 증언하고 있으며, 무엇보다도 하나님의 영이 증언해 주셨다. 단순한 호칭만이 아니라 우리를 위한 영광의 유산까지 준비하고 우리를 상속인으로 정해 놓으셨다.

특별한 가문에서 태어나는 것은 부러운 일이다. 하나님의 자녀가 된 것은 더할 나위 없는 특권이고 영광이다. 이 특권을 마음껏 누리며 살자. 하나님 아버지를 부르며 살자.

# 6

## 하나님의 사랑을
## 고대하는 세상 롬 8:18~39

- 절망 속에서 듣는 바울의 '소망' 특강
- 성령님의 탄식
- 누가 우리를 그리스도의 사랑에서 끊으랴

::

# 절망 속에서 듣는 바울의 '소망' 특강 8:18~25

세상을 살다 보면 구원받은 성도라 할지라도 인간인지라 낙망하기 쉽고 흔들리기 쉽다. 영원한 소망이 눈에 보이지 않는 것이라 더욱 그러하다. 그렇기 때문에 유일한 해답은 참음으로 기다리는 것이다.

바울은 그리스도인이 하나님의 자녀 된 것을 언급한 이후에 세 가지의 탄식을 소개하고 있다(롬 8:22~26). 이 탄식은 아담과 하와가 선악과를 먹었을 때 시작된 것으로서, 예수님이 다시 오실 그날까지 계속될 것이다. 이는 속박 받고 억눌린 모든 자와 노예들의 탄식이다. 노예의 특성은 고통과 아픔을 당하면서도 거기에서 스스로 벗어날 방법이 없다는 사실이다. 예수님이 오신 목적은 바로 포로된 자에게 자유를, 눈 먼 자에게 다시 보게 함을, 눌린 자에게 자유를 주려 하심이다(눅 4:18~19 참조).

바울이 소개하는 첫 번째 탄식은 피조물의 탄식이다. 인간 세계는 숱한 모순과 고통과 괴로움으로 가득 차 있다. 개인의 잘못으로

124 세계를 바꾼 책, 로마서
세계를 바꾼 책, 로마서

인해 고통을 겪는 경우도 있지만, 자신의 행위나 선택과는 아무 상관없이 이유도 모른 채 고통을 당하는 경우도 있다.

예를 들면, 천진난만한 아기가 수혈을 받았는데 에이즈에 걸린 경우, 공산국가나 독재국가에 태어났기 때문에 억압과 착취를 당하는 경우, 정치·사회·경제의 구조적 모순 때문에 힘없이 희생당하는 경우 등 세상은 어쩔 수 없는 불가항력에 의한 고통들로 가득 차 있다. 사실 탄식하지 않는 피조물은 하나도 없다. 인간을 포함하여 지구상의 모든 피조물이 탄식하고 있다. 인간이 마구 내버리는 오물과 쓰레기로 온 자연이 오염되어 갈 때, 신음하며 탄식하는 피조물의 소리를 들을 수 있는 귀가 필요하다.

피조물이 허무함에 굴복한 것은 자기 뜻으로 이루어진 것이 아니고(롬 8:20) 아담과 하와가 맨 처음 하나님 말씀에 불순종했을 때(창 3:17) 시작되었다. 생명으로 충만하던 세상에 썩음과 죽음이 들어오게 되었고, 이 때문에 피조물은 지금도 탄식하며 하나님의 아들들이 나타나 구속해 주기만을 고대하고 있다(롬 8:19).

복음의 참 의미를 오해하는 이들은 인간을 포함한 피조물의 탄식 소리를 잘못 해석하고 예수님이 정치적·경제적 해방만을 위해서 오신 줄로 알아 해방(민중)신학을 전개한다. 그러나 바울 사도는 진정한 해방신학의 의미를 밝히고 있다. 피조물의 탄식은 정치·사회적 해방보다 훨씬 더 깊고 근원적인 것이어야 한다. 인간의 근본적인 문제는 소유와 분배의 공평함 그 이상의 것이다. "사람의 생명이 그 소유의 넉넉한 데 있지 아니하니라"(눅 12:15)는 주님의 말씀을 이해해야 한다.

인간 사회에서 발생하는 부조리와 모순과 아픔과 고통을 당하거나 목격하게 될 때 우리는 피상적인 원인만을 가지고 불평하거나 원망하기 쉽다. 그러면서 정치적 자유와 경제적 평등을 부르짖는다. 그러나 우리가 분명히 알아야 할 것은 이 세상 문제들의 근본 원인은 그보다 더 원천적인 데 있다는 것이다. 즉 피조물이 '썩어짐의 종노릇'을 하고 있다는 사실이다.

이 때문에 모든 피조물이 함께 탄식하며 고통을 겪는 것이다(롬 8:22). 이 탄식은 참 자유를 얻기 위한 간절한 몸부림이다. 이 문제의 해결책은 "썩어짐의 종 노릇 한 데서 해방되어 하나님의 자녀들의 영광의 자유에 이르는 것"이다(8:21). 제일 먼저 하나님의 자녀들이 그 자유를 맛보아야 한다. 이 자유는 하나님의 말씀인 진리로만 얻을 수 있고, 이것만이 참 자유를 누리는 길이다(요 8:32, 롬 6:18, 22). 인간이 썩어짐의 종노릇, 즉 사망의 노예에서 벗어나는 것만이 근본적인 해결책이다.

죽음의 문제를 해결하기 위해 인간은 죽음의 씨앗인 죄의 문제를 해결해야 한다. 피조물이 해방되는 순서는 먼저 하나님의 아들이신 예수 그리스도께서 나타나 사망의 세력을 잡은 자, 곧 마귀를 없애시는 것이며(히 2:14), 그 다음엔 하나님의 아들들이 하나님의 영광에 들어가는 것이다. 그리고 그 이후에 모든 피조물이 변화를 받고 새 하늘과 새 땅이 되는(계 21:1) 것이다. 따라서 모든 피조물은 지금도 하나님의 아들들이 나타나기를 고대하고 있다(롬 8:19).

바울이 소개하는 두 번째 탄식은 예수 믿는 사람들의 탄식이다. 성령의 처음 열매, 즉 부활하신 예수 그리스도를 받은 우리 그리스도인들은(8:23 상반절) 아직 완전한 해방이나 완전한 하나님의 영광스러운 자유에 이르지 못하고 있다. 이것이 바로 올바르고 거룩하게, 하나님의 자녀답게 살려고 하지만 자주 넘어지는 모든 신자의 탄식이다(7:21~24).

신분상 구원은 얻었지만 아직도 하나님의 영광에서 먼 생활을 하기 때문에 탄식하며 하나님께 부르짖게 되는 것이다. 따라서 진정으로 올바르게 살고 싶어 애태우는 그리스도인이라면 "속으로 탄식하여 양자 될 것 곧 우리 몸의 속량을 기다리는"(8:23 하반절) 것이 정상이다. 완전한 몸의 구속을 기다리는 대표적인 예가 바로 주님의 재림을 사모하는 것이다.

예수님의 재림을 기다린다고 가족과 일상을 내팽개치고 기도만 하는 것은 잘못이지만, 주님의 다시 오심을 사모하고 기다리는 것은 잘못이 아니다. 오히려 초대교회로부터 오늘날까지 거룩하게 살려고 노력하는 신자들이 당연히 가져야 할 올바른 자세다. 신약성경은 주님이 다시 오신다는 분명한 약속과 그 순서를 보여 주고 난후, "아멘 주 예수여 오시옵소서"라는 기원과 축도로 그 끝맺음을 하고 있다(계 22:20~21).

'나는 얼마나 간절히 주님의 재림을 사모하고 있는가?' 정말 의롭게 살려고 노력하는 자는, 진정 죄로부터의 해방과 영광스러운 자유를 맛보기 원하고 노력하는 자는 당연히 주님의 재림을 사모하기 마련이다. 만일 내가 주님의 재림을 별로 사모하고 있지 않다면 나의 신앙은 무언가 잘못된 것임에 틀림없다. 오늘날 모든 그리스 도인이 가져야 할 올바른 태도는 먼저 인간의 구원을 사모하며 갈 급해 하는 다른 피조물들의 탄식 소리를 듣는 것이다. 그 다음에는 본인 자신이 완전한 양자 됨, 즉 몸의 구속을 얻기 위해 탄식하고 부르짖으며 주님의 재림을 기다리는 자세를 가져야 한다.

이어서 바울 사도는 주님의 재림을 기다리면서 신앙생활을 하는 자세에 대해 언급하고 있다(롬 8:25). 그리스도인들의 3대 미덕은 믿음, 소망, 사랑인데(고전 13:13), 이 세 가지는 항상 함께 가야 하는, 서로 분리될 수 없는 성질의 것이다. 현대 신자들은 이 세 가지 모두가 필요하다. 그중 어느 것 하나라도 결핍되면 절름발이 신앙생활이 되고 마는 것이다.

바울은 여기에서 소망의 의미를 강조하고 있다. '우리는 구원을 이미 이루었다'라고 말하는데, 그것은 믿음으로 얻은 것이며 동시에 소망으로 얻은 것이다(롬 8:24). 참다운 그리스도인의 믿음 생활은 인간에 대해서는 사랑으로, 그리고 하나님에 대해서는 소망으로만 가능하다.

소망과 반대되는 개념은 절망인데, 키에르케고르는 절망을 일컬어 '죽음에 이르는 병'이라고 했다. 사실 그는 절망의 두 가지 측면을 말하고 있다. 첫째, 절망하고 포기하는 것으로 죽음에 이르게 된다. 둘째, 깊은 절망을 느낄 때 오히려 자신의 능력에 의지하던 것을 포기하고 신앙의 세계로 넘어가게 된다. 이런 점에서 절망은 죽음에 이르는 병이 아니라 생명에 이르는 빛이 될 수 있다. 피조물이 구속을 기다리며 탄식하는 것은 두 번째 경우라 할 수 있다.

바울 사도가 로마서에서 말하고 있는 소망은 그리스도인들이 가지고 있는 영원한 몸의 구속을 사모하는 것으로, 이 세상의 소망과는 차원이 다르다. 결혼할 소망, 행복한 가정생활의 소망, 세상에서 출세할 소망, 이런 것들보다 훨씬 더 영원하고 본질적인 소망을 말하고 있다. 이것은 영적인 것이고, 눈에 보이지 않는 미래의 것을 기다리는 소망이다(8:24). 세상의 것보다 하나님을 향한 영원한 소망을 가지는 것이 흔들리지 않고 승리하는 믿음 생활의 비결이다.

세상을 살다 보면 구원받은 성도라 할지라도 인간인지라 낙망하기 쉽고 흔들리기 쉽다. 영원한 소망이 눈에 보이지 않는 것이라 더욱 그러하다. 그렇기 때문에 유일한 해답은 참음으로 기다리는 것이다(8:25). 하루가 다르게 변화하는 현대 문명 속에서 살아가는 현대인들은 그 조급한 성격 때문에 인내를 기대하기가 힘들다. 그러므로 참된 인내는 믿음의 눈이 열릴 때에만 가능하다. 온갖 세상의 험한 물결이 밀어닥칠 때, 어쩌면 예수 믿는다는 이유 때문에 많은 불이익과 어려움을 겪게 될 때 우리가 든든하게 서도록 힘을 주는 것은 하나님에 대한 믿음이고, 주님이 약속해 주신 것을 믿고 기다릴 수 있는 진실한 소망이다.

우리에게 필요한 것은 욥이 그 큰 시험을 이겨 낼 수 있었던 것과 같은 믿음의 인내다. "내가 가는 길을 그가 아시나니 그가 나를 단련하신 후에는 내가 순금같이 되어 나오리라"(욥 23:10). 사실 우리는 욥이 가졌던 것보다 훨씬 더 구체적이고 확실한 약속을 가지고 있다.

그리스도인은 시간의 간격을 뛰어넘을 수 있는 믿음을 가지고 있어야 한다. 현재 당하고 있는 고난과 장차 받을 영광을 수학적으로, 경제학적으로 비교해 볼 수 있는 안목이 있는 사람은 현재 받는 고난을 넉넉히 견딜 수 있고 오히려 사도들처럼 기뻐할 수 있다(행 5:41).

최초의 환경오염 사건은 인간에 의해 에덴동산에서 시작되었다. 피조물이 탄식하는 것은 피조물 관리의 책임을 맡은 인간의 잘못으로 일어났다. 그 탄식의 내용은 부패와 썩어짐의 종노릇 하던 것에서 벗어나 하나님의 자녀들의 영광에 이르는 것이다. 하나님의 자녀들이 구속받으면 서로 연결 관계에 있는 피조물은 자연스럽게 새 하늘과 새 땅으로 인도된다.

부활의 처음 열매인 예수 그리스도를 영접한 신자들의 탄식이 모든 문제의 핵심이다. 예수님을 영접하는 순간 구원을 받은 것이지만 그 완성은 그리스도의 재림 때 이뤄진다. 하나님의 양자가 되는 수속은 몸의 구속이 완성될 때, 우주적인 하나님의 아들로 인정되는 날 이뤄진다. 바로 그때 우리는 그 아들로서의 권리를 완전하게 행사할 수 있게 된다. 인간의 구속은 하나님의 구원 계획에 따라 이뤄진다.

현재의 짧은 영광과 미래의 영원한 고난을 택할 것인가? 아니면 현재의 짧은 고난과 미래의 영원한 영광을 누릴 것인가? 여기에 지혜가 필요하다.

위치적인 구원이나 성화 구원의 단계를 거쳐, 우리가 미래에 얻을 영화 구원을 현재형으로 바꿀 수 있는 비결은 소망이다. 보이는 것은 바라거나 믿을 필요가 없다. 소망이야말로 믿음, 사랑과 함께 그리스도인을 그리스도인답게 해 주는 은혜다. 참음으로 소망을 현실화하자.

## :: 성령님의 탄식 8:26~30

연약한 우리를 위해 성령 하나님이 친히 말할 수 없는 탄식으로 간구하신다. 성령님이 우리 한 사람 한 사람을 위해 기도하신다는 사실을 알 때 얼마나 큰 위안이 되는지 모른다.

바울이 소개하는 세 번째 탄식은 성령님의 탄식이다. 하나님의 신실하신 약속에도 불구하고 우왕좌왕하며 흔들리는 모든 그리스도인을 위해, 우리의 구원을 더욱 더 확실하게 하기 위해 하나님은 성령님의 탄식을 준비해 주셨다. 연약한 우리, 무엇을 어떻게 기도해야 할지 알지 못하는 우리를 위해 성령 하나님이 친히 말할 수 없는 탄식으로 간구하신다(롬 8:26).

예수님의 생애에서도 이러한 탄식을 발견할 수 있다. 예루살렘의 멸망을 앞에 두고 눈물을 흘리신 주님, 죽은 나사로의 시체 앞에서 우신 주님의 모습이 바로 이 성령님의 탄식과 맥락을 같이 하고 있다(눅 19:41, 요 11:35). 부모가 어린 자녀들을 위해 간구하는 기도와 비슷하다 하겠다. 이 기도야말로 최상의 기도다. 앞에서 살펴본 피조물이나 그리스도인의 탄식은 구원받기 위해, 구원의 날만 기다리며 간절히 애원하는 자기 자신을 위한 탄식이다. 그러나 성령님의 탄식은 자녀들을 구속하시려는 하나님의 사랑과 간절함이 담겨 있는, 남을 위한 기도다.

또한 이 기도는 100퍼센트 응답되는 기도다. 하나님의 뜻대로 구하면 하나님은 반드시 응답해 주신다(요일 5:14). 하나님의 영이신 성령님이 우리를 위해 드리는 기도는 언제나 하나님의 뜻에 부합하며, 따라서 어김없이 응답 받는다(롬 8:27). 성령님이 우리 한 사람 한 사람을 위해 기도하신다는 사실을 알 때 얼마나 큰 위안이 되는지 모른다.

성령님의 탄식과 간구에 대한 말씀 이후에, 그리스도인들이 즐겨 암송하는 요절이 뒤따르고 있다. "하나님을 사랑하는 자 곧 그의 뜻대로 부르심을 입은 자들에게는 모든 것이 합력하여 선을 이루느니라"(8:28). 모든 것이 합력하여 선을 이룰 수 있는 첫째 조건은 하나님을 사랑하는 것이다. 이것이 바로 신자들이 알고 감사해야 할 사실이다. 둘째 조건은 하나님의 뜻대로 부르심을 입는 것이다. 이것은 사실 첫째 조건과 같은 내용을 다르게 표현한 것이다.

종종 하나님의 예정과 인간의 의지가 어떤 관계인지를 놓고 논란이 일어난다. 하지만 그것은 동전의 앞뒷면과 같은 것이다. 하나님의 예정은 인간이 의지적 결정을 내리게 하고, 동시에 인간의 결정은 하나님의 예정 속에서만 이루어지는 것이다. 문제는 어느 관점에서 보느냐에 달려 있다. 어느 한 면만을 강조하는 것은 위험하고 양자의 모든 관점에서 볼 필요가 있다.

셋째 조건은 모든 일이 합력하는 것이다. 그 속에는 기쁜 일뿐만 아니라 나쁘다고 생각되는, 때로는 도저히 이해되지 않는 일까지도 포함된다. 한 가지 명심할 사실은 이 요절을 문맥 속에서 이해해야 한다는 것이다. 다시 말해, 모든 일이 합하여 선을 이룰 수 있는 근거를 분명하게 알고 있어야 한다는 것이다. 첫째 근거는 바로 앞 절에 성령님이 탄식으로 드리는 완전한 기도가 있기 때문이다. 둘째 근거는 그리스도인의 생활에는 하나님의 특별한 간섭과 사랑이 예정되어 있기 때문이다.

하나님이 그분의 자녀들을 구원하시려는 계획은 여러 가지 순서로 이루어지고 있다. 첫 단계는 미리 아심이다. 예정설의 기초 내지 출발점은 하나님의 미리 아심이다. 하나님은 인간이 태어나기 전부터, 이 세상을 지으시기 전부터 이미 그분의 사랑하는 자녀들을 미리 아셨다. 또한 동시에 우리를 구속하시려는 구원 계획을 미리 정하셨다.

이렇게 예정하신 목적은 믿는 우리로 하여금 하나님의 아들의 형상을 본받게 하기 위한 것이다(8:29). 원래 인간은 하나님의 형상대로 지음을 받았다(창 1:26~27). 그런데 인간의 타락으로 하나님의 형상을 잃어버리게 되었다. 우리는 이 잃어버린 하나님의 형상을 그리스도 안에서만 회복할 수 있다. 그 밖의 다른 곳에서 찾으려고 하는 것은 우상숭배이다. 이것이 바로 하나님 섬기는 데 있어서 어떤 우상이든지 만들지 말라는 명령(출 20:4)과 연관된 것이다. 참된 하나님의 형상은 만드는 것이 아니라 우리 속에서 만들어져야 한다. 즉 우리 속에 하나님의 성품이 나타나야 한다(벧후 1:4~7).

두 번째 단계는 그 정하신 목적을 차례대로 시간적인 순서를 밟아 이루어 가는 것이다. 즉 정하신 그들을 부르셔서 그분의 자녀로 삼는 과정이다. 부르신 자녀들을 의롭다 하신 뒤 예정하신 최종 목표인 그 아들 예수 그리스도의 영광스러운 모습과 같은 영광의 상태로 변화시키는 것이다(롬 8:30).

우리는 아직 완전한 영화의 과정에 이르지 못했다. 하지만 바울 사도는 '영화롭게 하셨다'고 과거시제로 썼는데, 그 이유는 시간의 차원을 뛰어넘는 하나님의 손에는 과거, 현재, 미래가 함께 있기 때문이다. 우리는 절대로 현재만 가지고 판단해서는 안 된다. 믿음의 눈으로 미래까지 한눈에 놓고 볼 수 있어야 한다. 이런 자세의 삶에 대해 바울은 '소망을 가지고 참음으로 기다려야 한다'고 말하고 있다(8:24~25). 이미 결과까지 알고 계신 그분의 뜻에 순종하고 살아야 하는 이유가 바로 여기에 있다.

::

## 깊이
## 읽기 _ 성령 안에서 기도해야 할 이유

하나님의 뜻을 가지신 성령님은 그 뜻과 다르게 행동하는 그리스도인들을 볼 때 탄식하신다. 또한 무엇을 기도해야 할지도 모르는 우리의 연약함을 도우셔서 우리를 위해 친히 간구하신다. 하나님의 뜻대로 간구하는 성령님의 기도는 언제나 응답된다. 따라서 하나님을 사랑하는 자(인간 편에서 볼 때), 즉 그 뜻대로 부르심을 입은 자들(하나님 편에서 볼 때)에게는 모든 일이 합력하여 선을 이룬다. 이 모든 일에는 좋은 일, 나쁜 일, 이해되지 않는 일도 포함되며, 놀랍게도 우리가 지은 죄까지도 포함된다.

하나님은 우리를 단계적으로 인도하신다. 그분은 우리를 미리 아시고, 미리 정하시고, 부르셔서 의롭다 하시고, 영화롭게 하셨다. 우리는 이렇게 완전하게 예정된 구원이란 프로그램 속에서 시련이라는 촉매로 더욱 활성화되며 구원을 이루어 가고 있다.

피조물과 인간은 구원받으려고 탄식하지만, 성령님은 구원해 주시려고 탄식하고 계신다. 이것이 바로 우리가 성령 안에서 기도해야 할 이유이다(엡 6:18).

::

# 누가 우리를
# 그리스도의 사랑에서 끊으랴 8:31~39

누가 우리를 대적할 수 있겠는가? 두말할 필요도 없다. 아무도 우리
를 대적할 수 없다. 왜냐하면 재판장이신 하나님이 우리 편이시기 때
문이다. 우리가 특별히 하나님의 택함을 받은 백성이기 때문이다.

정말 모든 일이 합력해서 선을 이룰 수가 있는가? 선하게 살고
있는 사람들이 교통사고를 당하는 것이나, 참으로 주님 뜻대로 살
려고 노력하는 이들에게 암과 같은 불치의 병이 닥치는 것은 어찌
된 일인가? 이런 경우도 합력해서 선을 이룰 수 있단 말인가? 하나
님이 그분의 자녀들을 보호하고 계신다 말할 수 있는가?

세상의 많은 사람이 묻고 있는 이런 질문에 대해 바울 사도는 그
런 것들보다 더 견디기 어려운 사건이 닥쳐오더라도 믿는 이에겐
모든 일이 합력하여 선을 이룬다는 것을 하나하나 논리적으로 증명
하고 있다. 하나님이 우리의 구원을 완전히 보장하고 있다는 사실
을 천국 법정의 재판 과정을 그림으로 그리듯 일일이 증명하고 있

하나님의 사랑을 고대하는 세상 **137**

다. 땅에서 어떤 일이 벌어지고 있을 때 우리는 영적인 눈을 열어 하늘나라에서 어떤 일이 일어나고 있는가를 볼 수 있어야 한다. 재판장이신 하나님이 계시고, 피고석에는 신자들이 앉아 있고, 원고 쪽에는 우리의 반대자들인 사탄과 그 추종 세력들이 서 있는 하늘 재판정의 모습을 그려 보자.

바울은 너무나도 분명한 사실을 강조하기 위해, 어려움을 겪는 신자들에게 확신을 주기 위해 대답이 명백한 수사적인 질문들을 던지고 있다.

첫째, 누가 우리를 대적할 수 있겠는가? 두말할 필요도 없다. 아무도 우리를 대적할 수 없다. 왜냐하면 재판장이신 하나님이 우리 편이시기 때문이다(롬 8:31).

둘째, 우리에게 필요한 것들을 하나님이 은혜로(내가 애쓰고 힘쓴 대가가 아니라) 주시겠는가? 물론 주신다. 우리를 위해 가장 귀한 독생자 예수 그리스도까지도 아끼지 않고 은혜로 주신 하나님이 무엇을 아끼시겠는가(8:32)?

셋째, 누가 우리를 잘못했다고 고발할 수 있겠는가? 절대로 어느 누구도 신자들이 저지른 잘못을 가지고 제소할 수 없다. 그 이유는 우리의 행위가 항상 올바르고 의롭기 때문이 아니라, 우리가 특별히 하나님의 택함을 받은 백성이기 때문이다(벧전 2:9). 또한 재판장이신 하나님이 이미 우리가 무죄라고(의롭다고) 판결을 내리셨기 때문이다(롬 8:33). 물론 우리를 의롭다고 판결 내릴 수 있는 법적 근거를 마련하기 위해 그분의 사랑하는 아들 예수 그리스도께서 십자가에서 우리의 모든 죄악을 짊어지고 죽으셨다는 사실을 기억해야 한다.

넷째, 누가 하나님의 자녀들에게 죄 문제를 꺼내어 처벌을 요구할 수 있겠는가? 어느 누구도 하나님의 자녀들을 정죄할 수 없다. 그 이론적 배경으로는 예수 그리스도께서 피고인 우리를 위해 십자가에서 죽으셨을 뿐만 아니라, 죽음을 이기고 부활하셔서 지금은 재판장이신 하나님 우편에서 우리를 위해 증인이 되어 주시고 변호사가 되어 주시기 때문이다(8:34). 성령님의 간구와 우리 주 예수 그리스도의 간구가 있기에 신자들은 절대로 정죄함을 받지 않는다. 하늘 법정에서 재판장도, 변호인도, 증인도 우리 편인데 더 이상 무엇을 두려워하겠는가?

다섯째, 누가 우리를 그리스도의 사랑에서 끊을 것인가? 이 세상에 있는 그 어떤 피조물도 우리를 우리 주 그리스도 예수 안에 있는 하나님의 사랑에서 끊을 수 없다. 우리가 두려워하는 것들은 주로 생존을 위협하는 것들이다. 의식주 문제(박해, 기근, 적신), 힘들고 어려운 일들(환난, 곤고), 또한 목숨을 위협하는 것들(위험, 칼)이 창조자이시고 절대 주관자가 되신 하나님의 관할 아래 있으므로 우리의 구원은 틀림없는 사실이다(8:35~39).

이러한 논리적 근거 아래 바울 사도는 절대로 흔들리지 않는 확고한 자신의 신앙을 고백하고 있다.

한 가지 꼭 명심해야 할 사실은, 우리를 위한 틀림없는 하나님의 사랑과 예정을 빌미로 제멋대로 행동하는 태도는 절대로 성경적인 것이 아니라는 점이다. 그런 경거망동한 태도는 하나님의 생명을 걸고 구원받은 신앙인들이 취할 태도가 아니다. 아무리 구원이 확실해도 오히려 구원을 잃어버릴까 조심하는 태도를 성경 곳곳에서 찾아볼 수 있다(히 4:1, 12:15, 고전 9:27).

항상 하나님 앞에서 두렵고 떨리는 자세로, 또한 원수들 앞에서는 구원의 확실성과 담대함으로 대항하는 것이 승리하는 신앙생활의 비결이다.

## :: 깊이 읽기 _ 절대로 끊어지지 않는 사랑의 줄

하나님의 구원은 실존적으로 우리에게 적용되어 거룩한 승리를 보장한다. 그리스도의 사랑의 높이와 넓이와 깊이는 신기하기만 하다. 복음의 신비를 알면 알수록 우리는 더욱 더 하나님을 찬양하지 않을 수가 없다. 바울은 원수들에게 덤벼 보라는 듯이 외치고 있다. "만일 하나님이 우리를 위하시면 누가 우리를 대적하리요?" 재판장도 변호인도 증인도 다 우리 편인데 무엇이 두려운가(롬 8:31~34)?

당시 로마교회의 그리스도인들은 종일 주를 위해 생명까지 위협받았다(8:35~36). 그러나 그들은 붙잡히면 죽을 줄 알면서도 흔들림 없이 하나님을 믿었다. 현재 우리에게 닥치는 어려움과 비교해 보고, 그들의 헌신도와 우리의 헌신도를 비교해 보자.

더 담대한 확신의 근거(8:37~39)는 나의 지혜, 의지, 능력, 끈기가 아니라, 우리를 사랑하시는 하나님께 있다. 우리를 위협하는 사망, 생명, 권세자, 현재 일, 미래 일, 능력, 높음, 깊음, 다른 아무 피조물이라도 모두 창조주이신 예수님에 의해 창조되었고, 그분 아래 예속되어 있다. 또한 그 아들 예수를 아끼지 않으시고 우리를 위해 십자가에 대신 죽게 하신 하나님의 사랑으로 우리는 모든 어려움을 이길 수 있다.

환난이 두려울 때, 그리스도의 사랑은 어제나 오늘이나 영원토록 동일하며, 우리는 '우리를 사랑하시는 그리스도를 통해서' 모든 환난을 '넉넉히 이긴' 정복자임을 기억하라.

# 7

# 토기장이이신 하나님 <sup>롬 9:1~33</sup>

## :: 하나님의 주권과 이스라엘 <sup>9:1~3</sup>

바울 자신에게 있어서 최고의 고통은 유대인들이 구원받지 못하고 있다는 사실이었다. 그는 자신이 저주를 받아 그리스도에게서 끊어지는 한이 있더라도 유대인들이 구원받기를 간절히 소망했다.

로마서 1장에서 8장까지는 하나님의 의에 대한 정의와 왜 하나님의 의가 필요한지에 관한 내용을 다루었다. 그리고 어떻게 개개인이 믿음으로 의로워질 수 있는지, 의로워진 신자들이 어떻게 거룩한 생활, 즉 죄와 분리된 생활을 할 수 있는지를 설명했다.

인간이 의로워지는 것은 인간의 능력으로 되는 것이 아니다. 오직 하나님의 은혜로만 가능하다. 바울은 삼위일체 하나님이 어떻게 완전한 구원을 보장하고 계신가를 증명하고 있다. 즉 하나님 아버지께서는 절대적인 구원의 예정으로 우리를 인도하시며, 성령님께서는 말할 수 없는 탄식으로 우리를 위해 친히 간구하고 계신다.

이제 바울은 유대인들이 던지는 중요한 반론에 대해 대답한다.

그것은 하나님이 절대적 사랑으로 개인 구원을 책임져 주신다면서 어째서 하나님의 선민인 이스라엘은 버림을 받고 이방인들이 교회의 주류를 이루게 되었는가 하는 문제다. 다시 말해 "이스라엘을 택하셨던 하나님이 그 계획을 변경하셨는가? 하나님은 정말 믿을 만한 신실한 분이신가?"에 대한 하나님의 의를 문제로 삼은 것이다. 이에 대해 바울은 로마서 9~11장에서 역사 속에 나타난 하나님의 의에 대해 설명하고 있다.

제일 먼저 사도 바울은 자신과 이스라엘과의 관계를 변호한다. 바울은 비록 자신이 이방인의 사도로 부름을 받았지만 단 한 번도 자기 동족인 유대인의 구원을 잊은 적이 없었음을 강조한다. 그는 전도여행 중에도 제일 먼저 유대인 모임을 찾아갔고, 그리고 나서 이방인에게로 갔다. 사실 바울 자신에게 있어서 최고의 고통은(9:2) 자기와 피를 함께 나눈 유대인들이 구원받지 못하고 있다는 사실이었다. 그는 자신이 저주를 받아 그리스도에게서 끊어지는 한이 있더라도 유대인들이 구원받기를 간절히 소망했다(9:3).

그러나 결과적으로 유대인은 하나님께 받은 많은 특권, 즉 하나님의 양자 됨과 하나님의 영광을 나누어 갖는 것, 약속을 받은 것, 율법과 예배, 믿음의 조상들이 있었음에도 구원의 반열에서 제외되고 말았다.

## :: 깊이 읽기 _ 기독교, 가장 현실적인 종교

기독교는 역사적인 종교이며 현실을 무시하지 않는다. 예수 그리스도를 믿으면 '너와 네 집이 구원을 얻는' 역사가 일어난다. 그러나 그 과정은 가만히 앉아서 되는 것이 아니라 가슴을 찢는 눈물의 기도와 수고가 필요하다. 바울은 심지어 자신이 저주를 받아 그리스도에게서 끊어져도 좋다는 생각을 할 정도로 민족을 사랑하고 민족 복음화를 원했다.

구원 역사에서 유대인들의 역할은 중요하다. 그들은 하나님의 양자 중 맏아들로서 하나님의 영광과 언약을 약속받았다. 또한 하나님의 율법을 관리하며 수많은 약속을 위임받은 그들은 믿음의 조상들을 가졌으며, 그리스도를 낳은 민족이 되었다. 그러나 그 특권 중 많은 것이 그리스도인들도 함께 누릴 수 있도록 허락되었다. 얼마나 많은 특권을 가졌는가보다 더 중요한 것은 그 특권을 얼마나 제대로 누리는가에 있다.

누구나 예수를 믿으면 애국자가 되고 민족을 향한 참 지도자가 되어야 한다. 자기 민족을 죽음의 구렁텅이에서 건져 내는 것은 모든 신자의 기도 제목이 되어야 한다. 하나님은 모든 사람이 구원받기를 원하시기 때문이다. 민족의 가슴마다 피 묻은 그리스도를 심어 이 땅에 푸르고 푸른 그리스도의 계절이 오게 하자.

::

# 약속을 지키시는 하나님 9:4~19

이스라엘의 진정한 의미는 영적 이스라엘에게 주어진 것이며, 이 약속은 절대로 변함이 없다. 영적 이스라엘은 하나님을 믿는 믿음을 가진 자들을 일컫는다.

유대인들의 역사는 우리 그리스도인들에게도 중요한 질문을 던진다. 먼저 택함을 받았던 이스라엘이 버림받았다면, 우리가 택함받은 것도 안전하지 않은 것 아닌가? 이에 대한 무슨 보장이 있는가? 구약의 하나님과 신약의 하나님은 다른 하나님인가? 구약의 약속이 신약에 와서 변해 버렸는가? 결론부터 말하면, 이러한 생각은 모두 잘못이다.

하나님은 예나 지금이나 영원히 찬양을 받으실 분이고(롬 9:5), 그분이 우리에게 주신 약속은 절대로 변함이 없다. 하나님은 영존하시며 불변하시다. 하나님은 한 번 하신 말씀을 폐하지 않으신다는 사실을 보여 주기 위해 바울은 네 가지 증거를 들고 있다. 이는 왜 유대인이 아닌 이방인이 하나님의 구원사에서 주류를 이루게 되었는가에 대한 대답이기도 하다.

첫 번째 증거는 '이스라엘'이란 이름이 가진 의미이다. 많은 유대인이 구원을 받지 못하고 택함의 대열에서 떨어져 나갔다. 그 이유는 그들이 참 이스라엘이 아니기 때문이다(9:6).

무조건 아브라함의 피를 나누어 가졌다고 아브라함의 후손이 되는 것이 아니다. 하나님이 주신 약속은 처음부터 하나님이 세우신 약속의 자녀에게만 적용된다. 이들이 곧 참 이스라엘이 될 수 있는 것이다. 아브라함에게 많은 아들이 있었지만(창 25:1~18), 오직 이삭으로부터 난 자만이 아브라함의 씨라 칭함을 받는 약속을 받았다(롬 9:7).

이처럼 하나님은 처음부터 모든 육적 이스라엘을 구원하기 위해 그들을 택하신 것이 아니었다. 하나님은 절대로 약속을 바꾸시는 분이 아니다. 이스라엘의 진정한 의미는 영적 이스라엘에게 주어진 것이며, 이 약속은 절대로 변함이 없다. 영적 이스라엘은 하나님을 믿는 믿음을 가진 자들을 일컫는다. 오늘날에도 하나님을 믿는 자들, 믿음으로 말미암아 의롭다고 인정받는 자들이 아브라함의 아들, 참 이스라엘이 되는 것이다(갈 3:6~7).

두 번째 증거는 하나님이 하신 약속의 말씀이다. 하나님의 약속은 일방적으로 인간에게 주어지는 하나님의 의사 표시이다. 즉 하나님이 무조건적으로 주시는 은혜의 사건이다.

사라가 약속의 씨 이삭을 잉태하게 된 사건, 즉 아기를 낳을 수 없는 90세의 할머니에게서 이삭이 태어난 것은 순전한 기적의 사건이다. 또한 동정녀 마리아에게서 태어나실 예수 그리스도 탄생의 예표적인 사건이다(롬 9:9). 리브가가 쌍둥이를 가졌을 때, 그 자식들이 어떤 선악간의 행위를 하기도 전부터 큰 자(에서)가 작은 자(야곱)를 섬기게 하신 것은(9:10~13) 하나님의 약속이 어떤 것인지를 보여 주고 있다. 즉 하나님의 약속은 하나님이 예정해 놓으신 은혜의 사건이라는 것이다. 따라서 왜 유대인 대신 이방인이 구원사의 주류를 형성하게 되었는가에 대한 설명은 하나님이 예정하신 은혜의 사건이라는 대답밖에는 없다.

이에 대한 반론이 있을 수 있다. 하나님이 세우신 계획이 잘못된 것이 아닌가 하는 것이다. 그러나 공의로우신 하나님에게 불의는 있을 수 없다(9:14).

세 번째 증거는 역사 속에 드러나 있는 하나님의 역사 원칙이다. 역사의 주인공은 하나님이시며, 어떤 사람에게 자비와 긍휼을 베푸시는 것은 순전히 그 사람의 의지(원함)나 행위나 노력(달음박질)이 아닌 하나님의 뜻에 달려 있다는 사실이다(9:15~16).

심지어 출애굽 당시 바로를 세우신 것까지도 하나님의 특별한 목적이 있어서였다. 즉 바로를 통해 하나님의 능력을 나타내기 위함이었다. 하나님의 이름을 온 땅에 전파하는 것이 인류 역사 속에 나타난 하나님의 역사 운영 원칙이었다(9:17). 이 원칙을 올바로 깨달은 사람만이 올바른 역사의식을 가지고 하나님에 대한 올바른 믿음을 지닐 수 있게 된다.

하나님의 역사 원칙에 대해 강한 반론을 제기할 수 있다. 만일 모든 것이 하나님의 마음에 달렸다면, 즉 하나님 마음대로 자비도 베풀고 완악하게도 하는 것이라면(9:18) 하나님이 우리를 탓하시는 것은 잘못이라는 것이다. 왜냐하면 이 세상에서 하나님을 대적할 수 있는 사람은 하나도 없기 때문이다.

그러나 사실 이런 논리를 전개하는 사람에게는 저의가 있다. 모든 게 하나님 마음대로이기 때문에 내가 죄를 지은 것도 궁극적으로 그 책임이 하나님께 있다는 주장을 하려는 것이다(9:19). 이런 변명은 우리에게 굉장히 익숙하다. 아담과 하와가 선악과를 먹고 자기 잘못에 대해 변명한 이후, 거의 모든 인류가 그 흉내를 내고 있다. 오늘날 우리에게 필요한 것은 변명이 아니라 솔직히 자신의 잘못을 인정하고 하나님께 용서를 구하는 것이다. 모든 행위의 주체는 나 자신이다. 그러므로 그 어떤 다른 요인도 내 결정에 책임을 질 수 없음을 기억해야 한다.

:::
## 깊이
## 읽기 _ 육신의 자녀와 약속의 자녀

하나님은 천지창조 이전부터 구원 계획을 세우고 실행하고 계신다. 그분의 구원 계획은 처음이나 지금이나 한결같다. 하나님께 선택받은 표로 할례를 받고 율법을 지키던 유대인들은 하나님과 전혀 상관없던 이방인들이 예수 그리스도를 믿음으로 구원을 얻을 수 있다는 십자가의 복음이 이해되지 않았고 하나님의 구원 계획 자체에 의문을 제기했다.

바울 사도는 혈육(이스마엘)으로 하나님의 백성이 되는 것이 아니라 하나님의 약속을 믿는 믿음의 자녀(이삭)를 통해 구원 역사가 연결되었음을 보이며 믿음으로 구원 얻는 하나님의 구원 원칙을 설명했다. 육체에 의지해서 율법의 행위로 구원 얻으려는 사람은 절대로 하나님의 자녀가 될 수 없고, 오직 하나님의 약속을 믿는 자만이 하나님의 자녀로 받아들여질 수 있다는 구원 원칙은 예나 지금이나 동일하다.

"율법 안에서 의롭다 함을 얻으려 하는 너희는 그리스도에게서 끊어지고 은혜에서 떨어진 자로다"(갈 5:4). 믿음으로만 구원 얻는 복음은 2천 년이 지나도 바뀌지 않았다.

::
# 이스라엘의 남은 자 9:20~31

이방인들은 구원에 이르렀고, 유대인들은 목적했던 구원에 이르지 못했다. 그 이유는 단 한 가지인데, 이방인은 '믿음에서 난 의'를 추구했고 유대인들은 '행위'에 의지했기 때문이다.

사도 바울은 즉시 하나님을 향한 인간의 근본적인 자세를 문제 삼고 있다. 우리는 하나님께 말대꾸할 자격도 없다. 그 이유는 우리가 피조물이기 때문이다. 피조물은 100퍼센트 창조주에게 의존하고 있을 따름이다(롬 9:20). 창조주 하나님이 피조물인 우리를 하나님의 형상대로 지어 주신 것은 하나님이 우리에게 주신 은혜이지, 우리에게서 비롯된 것은 하나도 없음을 기억해야 한다.

그릇 만드는 사람이 똑같은 재료로 귀한 그릇도 만들고 천히 쓸 그릇도 만들 수 있다. 그것은 순전히 토기장이의 자유의사이며, 그릇은 아무 권리가 없다(9:21). 우리가 사는 이 세상은 불평등으로 꽉 차 있다. 태어날 때부터 조건이 다르고, 자라나는 과정에서도 행복

한 사람과 불행한 사람으로 나뉜다. 지금보다 더 나쁜 조건에서 고생하며 지낼 수도 있다. 그럴지라도 우리는 하나님께 불평해서는 안 된다. 왜냐하면 우리는 지음 받은 피조물이기 때문이다.

우리가 세상을 살아가면서 기억할 사실은 하나님은 믿고 순종할 대상이지 질문하고 토론할 대상이 아니라는 것이다. 하나님은 여러 종류의 그릇을 만드셨다. 어떤 그릇은 진노를, 또 어떤 그릇은 자비와 긍휼을 담을 그릇으로 만드셨다(9:22~23). 특별히 예수 믿는 이들은 하나님이 긍휼을 담는 그릇으로 택하셨다(9:24). 모든 사람이 죗값으로 죽어야 하는데, 예수 믿는 사람들만 예외로 구원받는다는 사실을 기억할 때 하나님의 자비와 긍휼, 은혜의 의미가 깊이 느껴질 것이다.

택함을 받은 그릇이 먼저 해야 할 일이 있다. 그것은 자신을 깨끗이 유지하는 것이다. 주인은 언제나 깨끗한 그릇을 쓴다. 그러므로 언제라도 신임을 받도록 자신을 지켜 모든 악에서 멀리하고 흠도 티도 없는 정결한 그릇으로 준비되는 것이 하나님 앞에서 우리가 할 일이다.

계속해서 왜 유대인이 아닌 이방인이 하나님의 구원사에서 주류를 이루게 되었는지에 대한 바울의 네 번째 설명을 살펴보자.

네 번째 증거는 '남은 자 사상'이다. 유대인이 택함을 받았던 것은 유대인의 피를 가졌기 때문이 아니라 하나님의 부르심에 응답했기 때문이다. 마찬가지로 이방인들 중 구원 얻은 자는 하나님의 부르심에 응답한 자들뿐이다. 비참한 가정생활을 해야만 했던 선

지자 호세아를 통해 하나님은 참 이스라엘을 부르며 변화시키신다
(9:25~26). 살아 계신 하나님의 아들이라 불리는 것은 나라를 바꾸거
나 장소를 옮기지 않고서도 가능하다.

　이스라엘 자손 중 일부만 구원받은 것은 이스라엘 역사에서도
찾아볼 수 있다. 즉 이스라엘에서 소수의 남은 자(가난하고 어리석고 불
구인 자들)만이 구원을 얻었다. 앗수르, 바벨론, 로마가 이스라엘과
유대와 예루살렘을 침략했을 때 부자와 권세 있는 자, 똑똑한 자들
은 모두 죽임을 당하거나 사로잡혀 가고 오직 소수의 사람들만 남
은 자가 된 것이다. 특히 바벨론에 포로로 붙잡혀 간 모래와 같이
많은 사람 중에서 극히 소수의 사람들만 믿음을 지키면서 하나님께
로 돌아왔다(사 10:21, 롬 9:27~29).

　바울은 결론적으로 이스라엘 대신 이방인이 구원 얻게 된 사
실에 대해 그 근본적인 책임은 이스라엘 자신에게 있다는 것을 말
하고 있다. 구원을 얻기 위해 많은 이스라엘 사람이 노력해 왔다.
반면에 이방인들은 구원을 얻기 위해 별다른 노력을 기울이지 않
았다. 그러나 결과는 반대로 나타나 이방인들은 구원에 이르렀고
(9:30), 유대인들은 목적했던 구원에 이르지 못했다(9:31). 그 이유는
단 한 가지인데, 이방인은 '믿음에서 난 의'를 추구했고 유대인들은
'행위'에 의지했기 때문이다. 이것이 바로 지금까지 사도 바울이 강
조하고 설명한 로마서의 주제다.

## :: 깊이 읽기 _ 공평하신 하나님

하나님과 인간은 인격적인 관계를 맺고 있다. 그러나 근본적으로는 하나님이 주도권을 쥐고 계시는 관계다. 하나님과 깊은 관계를 유지할 수 있지만, 그 관계의 주도권은 하나님이 가지고 계신다. 하나님은 창조주이시고 사람은 그 피조물일 뿐이다. 단지 하나님이 인간에게 순간순간 은혜를 베풀어 주실 뿐이다.

하나님은 우리가 태중에 있기 전부터 우리 삶의 기본적인 틀을 형성하시고 인도해 나가신다. 하나님은 공평하신 분이므로 우리가 그에 합당한 삶을 살도록 준비해 놓으셨음을 기억해야 한다.

하나님은 각 사람을 저마다 다르고 독특하게 창조하셨다. 누구나 똑같은 조건에서 같은 방식을 따라 살도록 창조하지 않으셨다. 따라서 하나님은 모두를 똑같은 기준으로 평가하지 않으신다. 어떤 이는 아주 불리한 상황에서 출발하고, 어떤 이는 좋은 부모 밑에서 모든 여건이 갖춰진 상황에서 출발하기도 하지만, 중요한 사실은 하나님이 서로 다른 출발점을 알고 그에 맞추어 우리의 삶을 평가하신다는 사실이다.

내가 처한 상황의 많은 부분은 나의 의지나 행위와는 상관없이 주어진 것이다. 그런 것에 대해 하나님은 우리의 책임을 묻지 않으신다. 주어진 상황에서 성실히 행했는가가 중요하다.

토기장이이신 하나님 155

::

# 구원의 반석 9:32~33

구원은 믿음으로만 얻는다는 사실이 복음이다. 이 복음은 모든 인간
을 구원할 수 있는 반석이다. 그러나 이스라엘에게는 복음의 반석이
오히려 걸려 넘어지게 만드는 장애물이 되었다.

하나님이 그리스도 예수 안에서 주시는 의는 믿음으로만 얻는
것이다. 절대로 인간의 행위에서 나오는 것이 아니다. 이스라엘이
실패한 것은 믿음이 아닌 자신들의 행위에 의지했기 때문이다. 예
수님 당시의 서기관들과 바리새인들은 행위에 있어서 그 누구보다
뛰어났다. 하지만 행위로 구원 얻을 사람은 하나도 없기 때문에 그
들은 구원받지 못했다.

오늘날도 똑같은 원칙이 적용되고 있다. 구원은 하나님의 주권
이다. 하나님은 그분이 원하시는 자에게 구원을 베푸신다. 하나님
은 은혜를 베푸실 때 확실하고 공정한 원칙을 정하여 운용하신다.
한마디로 말해 인간은 믿음으로, 은혜로만 구원받을 수 있다는 뜻

이다. 구원은 믿음으로만 얻는다는 사실이 복음이다. 이 복음은 모든 인간을 구원할 수 있는 반석이다. 시내 광야에서 이스라엘 민족에게 생수를 쏟아 내었던 반석은 예수 그리스도의 예표다. 예수 그리스도를 믿는 자는 그 배에서 생수가 넘쳐 날 것이 약속되었다(요 7:38). 또한 이 반석은 폭풍우가 칠 때 사람들이 그 아래 피하고 쉴 수 있는 안식처가 되기도 한다. 그러므로 우리는 모든 환난과 역경을 우리의 반석이신 예수 그리스도 안에서 피해 나갈 수 있다.

이스라엘이 앗수르의 공격을 받았을 때도 피할 곳이 되었던 것은 바로 이 반석이었다. 실수로 사람을 죽였을 때 지성소로 피하면 그 사람은 생명을 보호받을 수 있었다. 큰 홍수가 지나갈 때도 큰 바위 아래 피하면 목숨을 건질 수 있다. 그러나 이스라엘에게는(오늘날의 모든 믿지 않는 이들에게도) 믿음으로만 구원을 얻는다는 복음의 반석이 오히려 걸려 넘어지게 만드는 장애물이 되고, 멸망으로 이끄는 함정과 올무가 되고 말았다(사 8:14). 홍수를 피할 반석을 붙잡지 않는 자에겐 반석이 오히려 부딪치는 돌이 되어 버린 것이다(롬 9:32).

이것이 바로 믿음에 의지하지 않고 행위에 의지해 구원을 얻으려는 자들이 빠지는 함정이다. 그러나 이 반석을 믿는 자들은 하나님의 의를 나누어 갖는 구원을 받는다(9:33). 반석의 비유는 사람들이 버린 돌이 집 모퉁이의 머릿돌(시 118:22)이 된 것이나, 사람의 손으로 만들지 않은 뜨인돌(단 2:34~35)로도 표현되고 있다.

복음은 행위로는 절대로 구원받을 수 없는 우리 인간을 완전하게 구원하기 위해 하나님이 만드신 유일한 길이다. 하나님의 지혜를 무시하는 인간의 어리석음이 인간에게 걸림돌이 되고 있다. 오늘날 하나님은 우리에게 어마어마한 특권을 은혜로 주셨다. 우리는 이 특권을 믿음으로 누리면 된다. 그러나 만일 이 특권을 나의 교만이나 노력으로 쟁취하려 할 때 오히려 복음은 내게 큰 부담이 되고 거침돌이 된다.

인간은 창조주 하나님 앞에서 겸손히 피조물답게 기다리고 순종하는 자세를 가져야 한다. 우리의 모든 일에 하나님의 주권을 100퍼센트 인정하자. 그때 비로소 우리는 참 믿음을 가질 수 있고, 하나님의 은혜를 마음껏 누리며 살 수 있게 된다.

:: 
깊이
읽기 _ 모든 사건에는 하나님의 특별한 뜻이 있다

창조주 하나님은 하시고자 하는 바를 행할 주권을 가지신 분이다. 그런 의미에서 하나님은 긍휼히 여길 자를 긍휼히 여기시고 불쌍히 여길 자를 불쌍히 여기신다. 그럼에도 하나님이 하시는 일에 불의는 없다. 하나님은 그 속에서도 누구나 이해하고 용납할 수 있는 구원 원칙을 가지고 계신다.

애굽의 바로는 하나님께 불순종하는 세력의 대표자로 등장한다. 하나님이 바로를 사용하신 것은 선한 사람에게 악한 역할을 맡기신 것이 아니라, 악한 자에게 그 악한 역할을 맡기신 것이었다. 로마서의 시작점처럼 모든 인간은 죄인이고, 인간이 심판을 받는 것은 인간 자신의 악한 행위 때문이지 하나님의 불의 때문이 아님을 기억해야 한다.

구원받은 사람은 구원받을 자격 없는 사람에게 하나님이 특혜를 베푸신 것임을 생각하고 감사해야 할 뿐, 자랑할 그 어떤 것도 가지고 있지 않다. 그러므로 당연히 은혜 받은 자는 하나님의 능력을 나타내고 하나님의 이름을 만방에 전파해야 한다.

하나님의 구원 사건에 불의는 없다. 단지 멸망 받을 자를 불러 은혜를 주시는 것이지 구원받을 수 있는 사람을 멸망시키는 것이 아니다. 역사의 모든 사건에는 하나님의 특별한 뜻이 있다.

# 8

## 땅 끝까지
## 이른 복음 <small>롬 10:1~21</small>

- 운명인가, 하나님의 특별한 계획인가?
- 인간의 의, 구원의 걸림돌
- 변하지 않는 구원 원칙
- 유일한 구원의 조건
- 누가 복음을 전할 것인가?
- 변명은 통하지 않는다

::
# 운명인가,
# 하나님의 특별한 계획인가? 10:1~3

> 이스라엘 역사는 은혜로 구원을 주시려는 하나님과 이에 맞서서 자
> 기 의를 내세우며 스스로를 구원하려는 이스라엘 민족의 투쟁이라
> 고도 할 수 있다.

바울은 로마서 10장에서도 자기 동족인 이스라엘의 구원 문제를
논하고 있다. 이스라엘 민족이 구원 얻지 못한 것은 한마디로 하나
님의 구원 계획에 순종하지 않았기 때문이다. 이스라엘 역사는 은
혜로 구원을 주시려는 하나님과 이에 맞서서 자기 의를 내세우며
스스로를 구원하려는 이스라엘 민족의 투쟁이라고도 할 수 있다.
사사들의 다스림을 거절하고 다른 주변 민족들처럼 하나님 없이 자
기 손으로 뽑아 만든 왕과 인간 제도에 의해 다스림 받기를 선택했
을 때, 이미 이스라엘은 진정한 왕이신 하나님을 버리고 자기 의를
내세우기 시작한 것이다(삼상 8:7).
첫 번째 왕 사울이 하나님의 음성 듣기를 거절한 이래로(삼상

13:13) 이스라엘 역사는 하나님의 의 대신 자기의 의를 내세운 역사가 되었음을 확인할 수 있다. 그보다 앞서 아담과 하와의 선악과 사건이야말로 인류의 공통적인 죄인 하나님의 의를 거절한 대표적인 본보기라 하겠다.

그러나 비극적인 사실은 이스라엘 민족에게 하나님을 섬기려는 열심이 있었다는 사실이다. 이 열심은 잘못된 열심이었다. 사람이 살아가는 데 열심보다 더 중요한 것이 있다. 유대인말고도 아주 열심히 하나님을 잘못된 방법으로 섬기는 사람들이 많이 있다. 불교도들의 열심 혹은 모슬렘들의 열심은 아무리 깊은 것이라 할지라도 깊이가 더하면 더할수록 그만큼 더 하나님을 슬프게 만드는 것이다. 하나님 앞에 가증한 것이 될 뿐이다. 우리의 행위에서 제일 먼저 점검해야 할 것이 있다. 그것은 얼마나 열심히 하고 있느냐가 아니라, 참 지식을 가지고 있느냐의 문제다.

## ::
## 깊이
## 읽기 _ 남은 자만 구원 얻는다

하나님이 이스라엘을 부르신 것은 그들만 특별히 사랑해서가 아님을 기억해야 한다. 오늘날 그리스도인들도 마찬가지다. 하나님이 그들을 부르신 것은 그들이 감당해야 할 특별한 사명이 있기 때문이다. 그들을 통해 모든 민족을 구원하시려는 계획이 담겨 있다. 하나님의 아들이 되기 위해서는 특별한 혈통이 필요하지 않다. 단지 하나님의 부르심에 아브라함처럼 순종하는 것이 필요할 뿐이다.

이스라엘 역사에서 구원받을 자격이 없는 자들 중 끝까지 믿음으로 남아 있는 자만이 구원을 얻었다. 본디 아브라함을 포함하여 먼저 부름 받은 사람들 역시 자격 없는 자들이었다. 만일 하나님이 자격 있는 자만 취하여 하나님의 아들을 삼으신다면, 세상에서 구원받을 수 있는 사람은 단 한 사람도 없다.

이 땅 위의 많은 민족 중 소수였던 이스라엘이 구원의 씨로 부름을 받았고 그들 중 소수만이 끝까지 남아 구원을 얻었다. 역사상 구원받는 자의 수는 소수다. 그러나 그 소수는 자신이 구원받은 것으로 그치지 않고 다른 수많은 사람을 하나님께로 인도하는 소명을 받았다. 오늘날도 많은 그리스도인이 은혜로 부름 받아 또 다른 은혜를 사모하는 자들에게 보냄을 받은 것이다.

이스라엘의 반역이 절정에 이를 때 구원이 시작되어 남은 자만 돌아왔다. 남은 자의 씨는 소수이지만, 장차 많은 씨로 번식될 것이다. 하나님은 충성스런 사람을 지금도 부르신다.

## :: 인간의 의, 구원의 걸림돌 10:2~6

이스라엘 민족은 물론 모든 인류가 빠지기 쉬운 함정은 자기의 의를
내세우는 것인데, 하나님이 주신 구원의 길은 오히려 자기의 의를 포
기하는 데 있다. 이것이 순종하는 신앙생활이다.

유대인들이 실패한 제일 큰 원인은 무지했기 때문이다(롬 10:2).
우리가 이스라엘을 타산지석으로 삼아야 할 것은 무지가 큰 죄를
부른다는 사실이다. 지혜의 근본은 하나님을 아는 것이고, 여호와
하나님을 경외함이 참 지식이다. 기독교 신앙에 자기 의를 내세울
여지는 전혀 없다. 이스라엘 민족은 물론 모든 인류가 빠지기 쉬운
함정은 자기의 의를 내세우는 것인데, 하나님이 주신 구원의 길은
오히려 자기의 의를 포기하는 데 있다. 이것이 순종하는 신앙생활
이다.

나의 잘난 점과 내가 잘한 것을 내세우는 사람은 아직도 하나님
을 믿기보다는 자기 자신을 믿고 있는 사람이다. 진정한 믿음은 전

능하신 하나님 앞에 나의 모든 것을 드림으로써 하나님이 내 속에서 역사하시도록 하는 것이다. 내가 해야 할 모든 것은 이미 그리스도께서 완전하게 성취하셨다. 즉 그리스도께서 우리 죄를 지고 십자가에서 죽으심으로 율법의 마침이 되신 것이다(10:4).

율법을 행한 사람이 구원받을 수 있다고 율법에 기록되어 있다(10:5). 그렇지만 지금까지 바울이 계속 설명해 온 것처럼 율법으로 구원 얻는 것 외에 또 다른, 아주 완전한 구원의 길이 있다. 그것은 믿음을 통해 주시는 하나님의 의다. 이 믿음의 의는 신약시대에 새로 주어진 것이 아니고 이미 구약에서 율법과 함께 주어졌다.

율법의 요구는 100퍼센트의 완전을 요구하기에 율법의 행위로 구원 얻을 수 있는 사람은 하나도 없다(갈 3:10). 따라서 이 사실을 다 아시는 하나님이 율법을 주실 때, 인간에게 불가능한 것을 요구하시지 않았다. 다시 말해 율법은 하나님이 인간에게 주신 구원의 길이 아니었다. 단지 믿음으로 구원 얻는 그 길로 인도해 주는 안내자에 불과했다(갈 3:24).

하나님은 인간의 의가 아니라 하나님의 의에 의지하는 방법, 즉 믿음으로 구원 얻는 방법을 제시해 주셨다. 바울은 믿음으로 구원 얻는 방법이 이미 율법과 함께 이스라엘에게 주어진 것임을 보이기 위해 신명기 30장 12~14절을 인용하고 있다. 즉 "누가 하늘에 올라가겠느냐"(롬 10:6)는 질문은 자기 자신의 능력으로는 도저히 이룰 가능성 없는 강한 소원을 나타내는 말이다.

::

## 깊이
## 읽기 _ 구원은 은혜로, 지옥은 내 죄 때문에

하나님의 절대 주권을 강조하다 보면 반론이 제기된다. 모든 일을 하나님 마음대로 하는 것이라면 인간은 아무 잘못이 없고, 인간이 죄를 짓는 것조차도 하나님이 책임져야 한다는 주장이다. 그러나 이것은 하나님의 주권을 오해한 것이다. 하나님의 명령을 거역한 자가 하나님께 책임을 전가하는 행위다.

하나님의 주권에서 강조해야 할 점은 창조주 앞에 선 피조물의 자세다. 무슨 일이든 하나님의 뜻이면 무조건 순종하겠다는 자세가 필요하다. 하나님은 진노하시기도 하고 긍휼을 베푸시기도 하는데, 진노 앞에서 회개하고 돌이키는 사람도 있고 긍휼 앞에서 멸망하는 사람도 있다. 하나님 집에서 가장 귀하게 쓰임 받는 그릇은 주인의 뜻에 맞게 정결하게 준비되어 있는 그릇이다.

죄인이 지옥에 가는 것은 자신의 죄 때문이다. 신자들이 천국에 갈 수 있는 것은 하나님이 베풀어 주신 은혜와 긍휼 덕분이다. 유대인이든 이방인이든 예수 그리스도를 믿는 자는 이 긍휼을 받은 그릇이다. 감사와 찬송 외에는 하나님께 드릴 것이 없다.

하나님은 믿고 신뢰하며 순종하고 경배할 대상이지 질문하거나 토론할 대상이 아니시다. 피조물이 창조주의 자리를 엿보는 것은 처음 조상과 사탄이 지은 원죄와 같은 것이다.

::

# 변하지 않는 구원 원칙 10:6~9

예수 그리스도의 복음, '믿음의 말씀'을 믿고 시인하면 누구나 구원
에 이른다. 이 믿음의 말씀이야말로 신구약을 통틀어 제시되고 적용
되는 하나님의 유일한 구원 계획이다.

인간에게는 자신의 능력으로 어찌할 수 없는 절대적인 한계가
있다.

첫째, 피조물로서의 한계이다. 태어나는 것부터 시작해서 인간
은 불가항력적인 요소들에 둘러싸여 살고 있다. 여기에는 아담으로
부터 물려받은 원죄까지도 포함된다. 인간은 자신의 힘으로 어찌할
수 없는 것들로 인해 평생 탄식하며 고통을 겪고 있다(롬 8:22). 수많
은 사람이 인생에서 시련을 당할 때 운명 탓으로 돌리면서 똑같은
불평만 늘어놓고 있다.

그러나 하나님은 이미 문제를 해결해 놓으셨다. 예수 그리스도
를 우리와 같은 사람의 몸으로 태어나게 하셔서 천국 복음을 우리

에게 주신 것이다. 구원의 길은 더 이상 막혀 있지 않다. 자기 자신의 믿음 여하에 달렸다. 이 세상을 살면서 탄식하며 절망할 필요가 없어졌다.

둘째, 인간을 절망하게 만드는 죽음의 문제다. 아무도 죽음의 문제를 해결할 수 없다. 세상에서 온갖 권력과 부귀영화를 누리며 살던 사람도 죽음이 그를 삼키면 그것으로 그만이다. 이 결정적인 인간의 비극 때문에 인간은 하나같이 절망할 수밖에 없다. 어느 누구도 무저갱에 내려가 죽은 자를 다시 살게 할 수는 없다(10:7). 그러나 이 문제 역시 하나님이 해결해 놓으셨다. 우리 대신 십자가에서 모든 죄를 짊어지고 죽으신 예수 그리스도께서 죽음을 이기고 부활하심으로써 모든 잠자는 자들의 첫 열매가 되신 것이다(고전 15:23).

뿐만 아니라 하나님이 예비하신 구원 계획, 즉 하나님의 의를 믿음으로 얻게 되는 구원은 이미 출애굽 때 주어졌음을 신명기 30장이 보여 주고 있다. 하나님이 베푸시는 구원은 불가능의 영역에 있지 않고 바로 우리 가까이 있다. 구원의 길은 하나님이 주신 복음을 입으로 시인하고 마음으로 받아들이는 것이다(롬 10:9). 바울을 비롯한 여러 사도들이 전한 예수 그리스도의 복음, '믿음의 말씀'을 믿고 시인하면 누구나 구원에 이른다. 이 믿음의 말씀이야말로 신구약을 통틀어 제시되고 적용되는 하나님의 유일한 구원 계획이다.

# 깊이
## 읽기 _ 이스라엘의 실패가 주는 교훈

오랫동안 구원을 받으려고 노력해 오던 이스라엘은 구원을 얻지 못했고, 구원과 거리가 멀었던 이방인들은 구원을 받았다. 이는 하나님이 정해 주신 믿음의 법칙을 따랐는가 아니면 율법의 행위로 구원을 얻으려 노력했는가의 차이다.

사막에 홍수가 나서 별안간 골짜기에 물이 불어나면 모든 것이 물에 휩쓸려 내려간다. 하지만 큰 반석을 피난처 삼아 붙잡고 있는 자는 살아남을 수 있다. 그러나 반석을 의지하지 않고 물살에 휩쓸려 가는 사람은 그 반석에 부딪혀 오히려 죽게 된다. 이스라엘이 걸려 넘어진 돌은 바로 믿음으로만 구원 얻을 수 있다는 십자가의 복음이다. 그들은 자신의 행위로 구원 얻으려다가 거기 걸려 넘어진 것이다.

유대인들은 의로움보다 율법에 더 관심을 가지고 있었다. 유대인들이 걸려 넘어진 돌은 복음의 주체가 되는 예수 그리스도다. 이 반석에 걸려 넘어지고 이 큰 돌을 내버렸으나 건축자의 버린 돌이 모퉁이의 머릿돌이 되는 역사가 일어난 것이다.

하나님의 주권의 의미를 이해하고 인정하며 사는 사람만이 참 믿음과 은혜의 의미를 이해하고 감사하는 삶을 누리며 살 수 있다. 하나님의 주권을 인정하는 사람은 절대로 불평하지 않는다.

바울은 자기 민족을 사랑하지만 그들의 약점을 지적한다. 유대교 최고의 약점은 하나님을 믿는 열심은 있으나 잘못된 지식을 갖고 있는 것이었다. 우리 역시 분명한 지식 없이 열심을 내는 것은 오히려 해로울 수 있다. 열심보다 먼저 앞서야 할 것은 올바른 지식을 쌓는 일이다. 그런 의미에서 하나님에 대해서, 복음에 대해서 바른 지식을 공부해야 한다.

구원을 얻기 위한 두 가지 방법이 있는데, 그것은 율법을 완벽히 행하거나 예수 그리스도를 믿는 것이다. 전자는 불가능하며 후자로만 가능하다. 자기 의를 포기할 때 비로소 하나님의 의를 소유할 수 있다. 하나님의 의는 우리의 의를 전혀 필요로 하지 않는다.

하나님의 의를 소유하는 절대 조건은 하나님 말씀에 순종하여 그 방법을 따르는 것이다. 믿음 없이는 하나님의 선물인 의를 받을 수 없다. 의인은 오직 믿음으로만 살 수 있다. 하나님의 의를 버리고 자기 의를 추구하는 것은 유대인뿐 아니라 오늘날의 많은 그리스도인도 빠지기 쉬운 함정이다. 자기 신앙에 대한 자만심을 버릴 때 하나님의 의를 누릴 수 있다.

아무리 보여 주고 들려줘도 보고 들을 눈과 귀가 없으면 소용이 없다. 이스라엘이 실패한 이유는 열심이 없어서가 아니라 잘못된 접근 방법 때문이었다. 믿음은 최고의 지혜다.

::
# 유일한 구원의 조건 10:9~12

예수님이 인간의 몸을 입고 오신 하나님이심을 고백하는 것과 성육
신하신 예수님이 죽음을 이기고 부활하셨음을 믿는 것이 구원을 얻
을 수 있는 유일한 방법이다.

 

구원을 받기 위해 인간이 해야 할 일은 예수님이 구주이심을 입
으로 고백하는 것이다(롬 10:9 상반절). 이것이 인간이 구원 얻을 수 있
는 유일한 길이다. 왜냐하면 "성령으로 아니하고는 누구든지 예수
를 주시라 할 수 없기"(고전 12:3) 때문이다. 예수님을 '주'라고 부르는
것은 의미심장한 일이다. '주'는 헬라어의 '퀴리오스(Kyrios)'로, 노예
가 주인을, 로마 시민들이 로마 황제를 부르던 호칭이다. 완전한 복
종과 소속감을 가진 단어이다. 그러나 "예수는 주시다"라고 고백하
는 것은 훨씬 더 특별한 의미를 내포하고 있다.

히브리어로 된 구약성경을 헬라어로 번역한 70인역(LXX) 성경
에서 하나님의 명칭인 '야훼(여호와, Yahweh)'와 주인이란 뜻의 '아도

나이(Adonai)'는 모두 '퀴리오스'로 표기되었다. 따라서 '예수를 주로 시인한다'는 의미는 예수님이 하나님이심을 인정하는 고백이 된다.

　'예수를 주로 시인하는' 것을 바꿔 말하면, '하나님이 예수님을 죽은 자 가운데서 부활시키신 사실을 믿는' 것이다. 즉 예수님이 인간의 몸을 입고 오신 하나님이심을 고백하는 것과 성육신하신 예수님이 죽음을 이기고 부활하셨음을 믿는 것이 구원을 얻을 수 있는 유일한 방법이다(롬 10:9 하반절). 구원 얻는 방법에는 입으로 고백하는 것과 마음으로 믿는 것이 공존해야 한다. 왜냐하면 신앙 없는 고백은 거짓 고백이고(마 7:21), 고백 없는 신앙은 죽은 신앙이기 때문이다(마 10:32~33). 이것이 바로 모든 인간에게 차별 없이 주신, 믿음으로만 구원 얻을 수 있는 하나님의 구원 계획이다. 하나님은 절대로 그 약속을 어기지 않는 분이시다(롬 10:11~12).

::
## 깊이 읽기 _ 변함없는 구원의 조건

　율법을 준 목적은 율법을 통해 사람들을 그리스도에게 이르게 하려는 것이다. 예수 그리스도께서 오심으로 율법이 요구하는 모든 것이 다 성취되었다. 그런 의미에서 주님은 십자가 위에서 "다 이루었다"고 선언하셨다. 예수님이 오셔서 율법의 기능을 정지시키셨다. 이제는 율법보다 더 높은 생명의 성령의 법으로 대체된 것이다.

물론 이 모든 것은 그리스도인에게만 적용된다.

율법의 의는 모세가 받은 계명을 다 지켜야 얻을 수 있으며, 100퍼센트 완벽하게 행하지 않으면 안 된다. 그러므로 완전한 죄인인 인간이 율법의 의를 이루는 것은 불가능하다. 문제의 해결은 믿음의 의를 통해서만 가능하다.

믿음의 의의 현주소는 하늘이 아니다. 그리스도께서 성육신하셨기 때문이다. 지옥도 아니다. 예수께서 죽은 자 가운데서 부활하셨기 때문이다. 하나님이 예수 그리스도를 보내 주셔서 우리는 이 땅에서 믿음의 의를 소유할 수 있게 되었다. 주님은 우리 가까이에 살아 있는 말씀으로 존재하신다.

한번 정해 놓은 모든 일을 바꾸지 않으시고 모든 법칙을 다 이루시는 하나님은 십자가에서 율법의 요구를 충족시키셨다. 하나님의 공의도, 우리를 향한 사랑도 충족시키셨다.

구원받기 위해서는 먼저 입으로 시인하고 마음으로 믿어야 한다. 믿음으로 고백할 내용은 "예수 그리스도는 주님이시며, 그 주님이 죽음을 이기고 부활하셨다"는 것이다. 이 속에는 예수 그리스도께서 전능하신 창조주 하나님이시라는 고백이 들어 있다.

::

# 누가복음을 전할 것인가? 10:13~17

전 세계 인구의 4분의 3이 아직도 예수 그리스도의 복음을 듣지 못했다. 이는 누군가 가서 복음을 전하기 전에는 그 많은 인류가 구원 얻을 가능성이 없다는 말이다.

누구에게도 차별이 없는 완전한 구원이 주어졌다. 이 구원의 복음을 받아들이려면 반드시 거쳐야 할 다섯 가지의 과정이 있다. 바울은 이 과정을 거꾸로 서술하고 있다.

첫째, 구원받는 데 무엇보다 필요한 것은 주님의 이름을 부르는 것이다(롬 10:13, 욜 2:32 참조). 다른 말로, 예수님을 하나님으로 고백하는 것이다(10:9).

둘째, 첫 번째 단계에 이르려면 개개인의 마음속에 믿음이 있어야 한다. 두 번째 단계에서 개개인의 고민과 결단, 불꽃 튀는 투쟁이 따른다.

셋째, 믿기 위해서는 반드시 복음을 들을 기회가 있어야 한다.

어떤 방법을 써서라도 복음이 전파되어야 한다. 복음 전파 없이, 개인의 믿음의 결단 없이 저절로 예수를 믿게 되는 그런 우연은 없다.

넷째, 복음을 듣는 세 번째 과정이 성립되려면 반드시 누군가 복음을 전하는 자가 있어야 한다(10:14). 복음 전하는 자를 우리는 선교사라고 부른다. 구원 얻을 수 있는 유일한 방법은 예수 믿는 방법뿐인데, 예수를 믿을 수 있는 유일한 길은 복음을 듣는 것이다. 전 세계 인구의 4분의 3이 아직도 예수 그리스도의 복음을 듣지 못했다. 이는 누군가 가서 복음을 전하기 전에는 그 많은 인류가 구원 얻을 가능성이 없다는 말이다. 한국 교회에 주신 선교의 사명이 얼마나 막중한가를 알아야 한다.

세계 각처로 선교를 나갈 수 있다. 그러나 국내 선교의 중요성도 잊어서는 안 된다. 특히 우리의 십대들에게 복음을 전해야 할 필요성이 요즘같이 절실했던 적이 없다. 대학생 선교 단체의 활동은 그런 의미에서 아주 중요한 사역이다. 그 밖에도 한국 교회가 간과하기 쉬운 많은 영역을 찾아 복음을 전할 필요가 있다.

다섯째, 누군가 가서 복음을 전할 수 있도록 기도하고 물질을 공급하는 후원 사역, 다른 말로, '보내는(파송하는) 선교사'들이 필요하다(10:15). 그렇다면 누가 보낼 것인가? 누구든지 예수의 이름을 부르는 자는 다 보내는 선교 사역에 참여할 수 있다.

이상의 다섯 가지 과정은 분리해서 존재할 수 없는, 하나로 연결되어 자라야 하는 신앙의 생명체다. 사업을 해서 돈을 많이 벌려면 막대한 자금을 투자하여 좋은 물건을 만들고, 이 물건을 시장에 내다 팔아 얻은 수익을 다시 생산에 투자할 때 점점 더 큰돈을 벌 수 있게 되는 것과 마찬가지 원리다. 이 중 어느 한 부분에서 일이 잘 못되면 사업이 망할 수 있다.

주님이 우리에게 맡기신 땅 끝까지 복음 전하는 일 역시 같은 원리를 가지고 있다. 이 다섯 가지 과정 중 어느 한 과정이라도 소홀히 하거나 빠뜨리면 지상명령을 성취할 수 없게 된다. 다섯 가지 신앙의 과정이 순조롭고 빠르게 진행될 때 복음의 전파 속도도 빨라지고, 주님이 우리에게 부탁하신 지상명령을 우리 세대에 이룰 수 있게 될 것이다.

이렇게 간단하고도 쉬운 하나님의 은혜의 복음을 들었음에도 불구하고 이스라엘은 복음에 순종하지 않았다(10:16). 따라서 대다수의 이스라엘인들이 구원을 얻지 못했다. 믿음은 하나님의 말씀을 듣는 데서 시작되는데(10:17), 이사야를 비롯한 여러 선지자들이 믿음의 복음을 전파했지만 이스라엘은 복음에 순종하지 않았고 버림을 받았다.

## :: 깊이 읽기 _ 차별 없이 베푸시는 하나님의 은혜

믿음의 의를 받아들이는 데 필요한 조건은 없다. '누구든지'는 모든 사람을 포함한다. 유대인이든 이방인이든 상관이 없다. 모든 사람에게 구원을 주시는 하나님은 진정한 의미에서 완전한 평등을 실현하시는 분이다. 아무도 자신의 의로는 구원받을 수 없는 절망의 상황에서 복음을 믿음으로 받아들이기만 하면 구원을 얻을 수 있다는 것은 오로지 하나님의 은혜로 가능한 일이다.

신앙은 살아 있는 유기체로 항상 자라야 한다. 이 복음은 쉼 없이 회전해야 한다. 누군가는 복음을 전하러 보냄을 받고 복음을 전해야 한다. 그 복음을 영접하고 믿음의 고백이 열매 맺을 때 진정한 구원이 완성된다. 구원받은 영혼은 다시 복음을 전파하든지 남을 보내든지 해야 한다. 구원을 이루는 다섯 과정 중 어느 과정도 무시할 수 없는 필수 조건이다.

누구든지 무조건적으로 믿기만 하면 구원을 얻는 길이 열렸다. 이는 차별 없이 베푸시는 하나님의 특별한 은혜의 사건이다.

::
# 변명은 통하지 않는다 10:18~21

예루살렘을 출발한 복음은 지구를 반 바퀴 돌아 한국에 이르렀고, 이제 다시 예루살렘을 향하여 전파되고 있다. 이스라엘이 복음을 듣지 못했기 때문이란 변명은 더 이상 통하지 않는다.

구원받지 못한 자들 가운데는 복음을 듣지 못했기 때문이라고 변명하는 사람들이 있을 것이다(롬 10:18 상반절). 그러나 사실은 그렇지 않다. 이스라엘 역사를 볼 때 복음은 이스라엘뿐 아니라 이미 온 인류에게 전파되었다. 복음의 말씀은 이미 땅 끝까지 이르렀다 (10:18 하반절). 예루살렘을 출발한 복음은 지구를 반 바퀴 돌아 한국에 이르렀고, 이제 다시 예루살렘을 향하여 전파되고 있다. 이스라엘이 복음을 듣지 못했기 때문이란 변명은 더 이상 통하지 않는다. 또한 이 사실은 우리나라를 포함한 많은 나라에도 적용이 가능하다. 얼마나 많은 사람이 지옥의 문전에서 이 같은 변명을 하다 부끄러움을 당할 것인가?

또 일부는 복음을 듣긴 했어도 이해하지 못했기 때문에 구원받지 못했다고 변명할 것이다(10:19 상반절). 그러나 이 변명도 더 이상 통하지 않는다. 모세는 이 변명에 대해 분명하게 대답하고 있다(신 32:21 참조). 그들이 이해하지 못해서라기보다는 알면서도 하나님께 순종하지 않았던 것이 근본 원인이었다. 복음이 많은 선지자의 수고로 땅 끝까지 전파되었음에도 불구하고 구원 얻지 못한 것은 개개인의 불순종 때문이었다. 다른 원인이 있다면 바로잡을 가능성이 있으나 불순종의 경우는 달리 방법이 없다. 그리하여 복음을 듣지 못한 이방인들에게로 방향을 바꿀 수밖에 없는 것이다(롬 10:19~20). 이제 이스라엘에는 하나님의 준엄한 심판만 남게 되었다.

그러나 이스라엘의 악한 행위를 처벌하시는 하나님의 방법을 보면, 그 속에서도 사랑과 자비를 찾아볼 수 있다. 이스라엘이 우상을 섬기는 어리석음을 깨우쳐 주기 위해 하나님은 택함 받지 않았던 백성, 즉 이스라엘이 아닌 자들을 새로운 이스라엘로 삼으셨다(10:19). 하나님을 전혀 알지도 못하던 자들에게 자기를 나타내 보이심으로써 이방인들을 구원하시고, 이스라엘 백성은 그들대로 구원하고자 하셨던 것이다(10:20).

바울의 결론은 명백하다. 이스라엘이 구원받지 못하고 하나님이 약속하신 많은 복을 누리지 못하게 된 것은 하나님이 변덕을 부리거나 약속을 지키지 않으셨기 때문이 아니다. 오히려 하나님은 이스라엘 역사의 시작부터 지금까지 계속해서 이스라엘을 구하시려는 간절한 열망으로 불순종하며 반항만 하는 이스라엘을 향하여 하루 종일 손을 벌리며 기다리고 계신다(10:21). 이스라엘 민족은 불순종 때문에 하나님이 주신 복을 누리지 못하는 것이다.

이스라엘의 역사는 특별히 그리스도인들에게 살아 있는 교훈을 준다. 예수 그리스도의 복음의 비밀을 알고 모든 축복의 약속을 들어 알고 있을지라도, 그 축복을 누리려면 하나님 앞에 온전히 믿음으로 순종해야 한다. 나의 행위로, 나의 노력으로 되는 것이 아니다. 오직 믿음으로만 구원 얻고 믿음으로만 승리할 수 있다는 하나님의 구원 계획을 망각할 때, 우리는 역사에서 이스라엘이 걸어야 했던 것과 같은 길을 걷게 될 것이다.

## :: 깊이 읽기 _ 거부된 복음, 궁색한 변명

구원을 이루기 위해서는 복음을 전하는 자가 있어야 하고, 그 복음을 받아들이는 과정이 있어야 한다. 이 과정은 말씀을 듣는 데서 시작된다. 말씀을 읽거나 듣거나 공부하는 과정을 통하지 않고는 절대로 믿음의 의를 소유할 수 없다. 나의 말씀 공부 계획은 어떻게 진행되고 있는가?

구원받지 못한 유대인들이 말씀을 듣지 못했기 때문이라는 변명은 궁색하다. 하나님은 유대인에게 수많은 선지자를 보내셨을 뿐 아니라 말씀을 전하고 가르치셨다. 문제는 그들이 복음을 듣지 못해서가 아니라 말씀에 순종하지 않았기 때문이다.

복음을 이해하지 못했기 때문이란 변명 역시 너무 궁색하다. 그들은 복음을 알 수 있는 넉넉한 환경을 모두 갖추었으나 그들에게는 알려고 하는 의지가 없었다. 하나님은 이스라엘 민족 대신 이방인을 선택하여 구원하심으로써 이스라엘의 의지에 불을 붙이려 하셨다. 이스라엘의 행위를 처벌하시는 하나님의 방법은 언제나 선하시고 또한 온 인류에게 유익하다.

이스라엘이 구원받지 못한 것은 하나님이 변덕을 부리거나 신실하지 않아서가 아니라 그들이 불순종했기 때문이다. 우리 역시 불순종하면 하나님의 은혜를 누리지 못한다.

# 9

## 이스라엘도 구원받을 수 있을까? 롬 11:1~36

- 하나님이 남겨 두신 자들
- 이스라엘의 넘어짐
- 최고의 신비, 하나님의 구원 계획

::

# 하나님이 남겨 두신 자들 11:1~5

우리에게는 하나님의 위대하신 사랑의 계획을 볼 수 있는 눈이 필요하다. 이스라엘에도 하나님이 남겨 두신 구원 얻을 자들이 많이 있다. 이스라엘 민족이 구원사에서 완전히 제외된 것은 아니었다.

사도 바울은 로마서 9~11장의 서두마다 자신의 혈육인 이스라엘 민족을 향한 애타는 간절함을 나타내고 있다(9:3, 10:1, 11:1). 그리고 이스라엘 민족의 역사 속에 나타난 하나님의 의는 절대로 불의하지 않으며, 이스라엘 민족이 구원 대열에서 밀려나게 된 것은 하나님이 계획을 바꾸셨기 때문이 아님을 계속 강조하고 있다. 하나님이 이스라엘 민족에게 주신 약속은 변하지 않았지만, 이스라엘 민족이 그 약속을 어긴 것이 문제였다. 즉 믿음으로 받기만 하면 될 것을 자신의 의를 내세워 오히려 하나님이 주신 복을 거절했던 것이다.

11장의 주제는 한마디로 하나님이 이스라엘을 완전히 버린 것이냐, 아니냐 하는 질문이다. 대답은 물론 '아니다'이다(11:2). 구원에 관한 한 인간은 절대로 무능하기 때문에 하나님의 은혜를 기다릴 뿐이다. 바울은 이스라엘이 버림받은 것 같으나 실제는 버려진 것이 아님을 몇 가지 역사적인 실례를 들어 증명하고 있다.

첫째, 이스라엘은 "하나님이 그 미리 아신 자기 백성"(11:2)이기 때문이다. 하나님의 전지하심은 하나님의 계획이나 약속을 완전하게 만들어 주는 근거가 된다. 이스라엘 민족의 구원은 분명한 하나님의 구원 계획 속에 들어 있는 구원 역사의 한 부분이다.

둘째, 엘리야를 통해 보여 주신 남은 자가 있기 때문이다. 아합과 이세벨이 여호와의 선지자들을 다 죽이고 엘리야 혼자만 남은 뒤에 엘리야는 갈멜산에서 850대 1의 대 승부를 겨루고 이겼다. 그러나 문제는 승리 후에 발생했다.

이세벨이 엘리야에 대한 특별 수배와 살해 명령을 내렸을 때, 브엘세바 광야 로뎀나무 아래에서 엘리야는 절망의 극에 이르렀다. 이때 주신 하나님의 말씀이 바로 인간이 볼 수 없는 하나님의 계획이다(왕상 19:1~18). 온 천지에 자기 혼자 남았다고 생각해 죽기를 간청했을 때, 하나님은 한 번도 바알에게 무릎을 꿇지 않은 순수한 하나님의 사람들을 7천 명이나 남겨 두었음을 보여 주셨다.

이 사건이 바로 이스라엘 민족에 대한 하나님의 구원 계획을 말해 준다(롬 11:3~4). 바울 당시 예수 그리스도를 믿고 구원 얻은 유대인들은 극히 소수였다. 그들의 심정은 엘리야가 느꼈던 것과 비슷한 고독감이었을 것이다. 우리 인간들은 얼마나 자주 넘어지고 실망하는가? 우리에게는 하나님의 위대하신 사랑의 계획을 볼 수 있는 눈이 필요하다. 이스라엘에도 하나님이 남겨 두신 구원 얻을 자들이 많이 있다. 이스라엘 민족이 구원사에서 완전히 제외된 것은 아니었다(11:5).

::
## 깊이
읽기 _ 아직도 남은 자가 있다

하나님은 한 번 택한 당신의 백성을 포기하지 않으신다. 그 대표적인 증거는 바울이다. 하나님이 교회를 핍박했던 바울을 불러 사용하셨다면 나머지 백성은 말할 것도 없다. 이스라엘 역사 속에 비슷한 예는 얼마든지 있다.

엘리야가 고독 아닌 고독 속에서 외로워할 때 하나님은 7천 명의 남은 자를 보여 주셨다. 하나님은 언제나 남은 자를 두시고 그분의 구원 역사를 계속하신다. 그들은 하나님의 은혜를 따라 택하심을 받은 사람들이다. 이처럼 믿음으로, 은혜로 이루어지는 하나님의 구원 계획에는 전혀 흔들림이 없다.

이스라엘이 실패한 것은 믿음의 원칙을 따르지 않고 자신의 행위로 구원 얻으려 한 데 있다. 하나님을 알고 난 후에도 믿음의 원칙은 계속되어야 한다. 이스라엘의 부르심과 택하심에는 은혜와 믿음이 적용되었으나 잘못된 방법으로 열심을 내던 이스라엘의 행위는 실패했다. 그리고 택하심을 받은 소수의 사람들만 믿음으로 구원을 얻었다. 우리 역시 갈라디아 사람들이 빠진 함정을 조심하자. 믿음으로만 구원을 얻을 수 있다.

"너희가 이같이 어리석으냐 성령으로 시작하였다가 이제는 육체로 마치겠느냐"(갈 3:3).

## :: 이스라엘의 넘어짐 11:6~24

하나님이 값없이 주시는 선물을 받기 위해서는 믿음을 가진 인간의 손이 필요하다. 유대인이 가지치기 당한 것은 열매를 맺지 않았기 때문이다. 이처럼 이방인도 열매를 맺지 않으면 잘려 나갈 것이다.

하나님이 구원하려고 남겨 두신 이스라엘 민족도 자신의 행위나 혈통으로나 육정으로나 사람의 뜻으로 된 것이 아니고(요 1:13) 오직 은혜로, 오직 믿음으로 된 것임을 잊어서는 안 된다(롬 11:6). 하나님이 인간을 구원하시는 원칙은 옛날부터 지금까지 변함없이 한결같다. 인간의 행위로 말미암지 않고 오직 하나님이 주시는 그분의 의를 믿어 은혜로 구원받는 원칙이다. 만일 인간의 행위가 개입될 여지가 조금이라도 있다면 그것은 은혜라 불릴 수 없다.

이스라엘이 모두 구원에 들지 못한 채 택하심을 입은 자만 구원을 얻게 된 이유는 구원받지 못한 나머지 사람들이 믿음이 아닌 행위로 구원을 얻으려 했기 때문이다(11:7). 믿음의 법칙을 포기하고 자신의 의를 내세우는 사람들의 마음은 돌덩이처럼 딱딱하고 완악하게 된다. 인간의 행위로 구원을 얻으려는 사람들은 눈이 있어도 보지 못하고 귀가 있어도 듣지 못한다(11:8).

인용된 다윗의 예언(신 69:22~23)은 인간이 자기 잘난 것에 의지하다가 서서히 넘어지는 과정을 표현하고 있다(롬 11:9~10). 한 가지 분명한 사실은 이스라엘 민족 스스로가 믿음이란 구원의 반석을 바라보지 않고 오히려 자신의 의를 내세우다 믿음이란 반석에 걸려 넘어진 것이다.

그러나 인간을 구원하시는 하나님의 계획은 깊고도 오묘하다. 예수 그리스도라는 반석에 이스라엘 민족이 걸려 넘어진 것은 하나님이 그들을 완전히 버리셨기 때문이 아니다. 여기에는 다음 네 가지 이유가 숨어 있다.

첫째, 오히려 더 많은 이스라엘을 구원하기 위해서다. 이스라엘이 넘어진 것에도 하나님의 사랑과 은혜가 담겨 있다. 마치 어린아이를 벌하는 부모의 본뜻은 벌 자체가 목적이 아니라 아이가 깨닫고 고침을 받아 올바른 길로 나가게 하려는 것이듯, 하나님이 이스라엘을 넘어지게 한 것에는 그러한 목적이 담겨 있다. 이스라엘은 회복 불가능할 정도로 넘어진 것이 아니며 영원히 넘어진 것도 아니다(11:1).

둘째, 이스라엘의 전부가 아닌 부분적인 넘어짐이다(11:17의 '가지 얼마가 꺾이었는데' 참조).

셋째, 이방인에게 구원이 퍼지게 하기 위해서다. 이런 일은 초대교회에도 있었다. 예루살렘교회에 큰 핍박이 나서 예수 믿는 사람들이 유대와 사마리아 모든 땅으로 흩어진 사건이다(행 8:1).

이 말은 이스라엘이 넘어진 것이 차라리 잘되었다는 의미는 절대 아니다. 이스라엘이 넘어졌기 때문에 이방인이 구원받게 된 것이 아니라, 이스라엘이 하나님으로부터 받은 제사장적 직분을 감당하지 못하고 넘어졌기 때문에 하나님이 그 넘어짐을 이용하여 이방인을 구원하셨다는 뜻이다. 만일 이스라엘 민족이 올바른 믿음을 지켜 넘어지지 않았다면, 그 충만한 믿음으로 인해 온 인류는 더 큰 은혜를 누리게 되었을 것이다. 이스라엘의 실패에도 불구하고 풍성한 결과가 나왔다면, 반대의 경우에는 더 풍성한 결과가 나왔을 것이다(롬 11:12, 15).

넷째, 이방인이 구원받는 것을 시기한 이스라엘 민족이 하나님께 다시 돌아오게 하기 위해서다(11:11 하반절, 14). 이처럼 하나님은 인간의 완악함과 죄악을 징벌하시면서도 징벌 자체가 목적이 아닌 더 큰 목적을 가지고 계신다. 이것이야말로 "하나님을 사랑하는 자 곧 그의 뜻대로 부르심을 입은 자들에게는 모든 것이 합력하여 선을 이루는"(8:28) 하나님의 계획인 것이다.

11장 13절부터는 이방인을 향한 경고가 이어진다. 잊지 말아야 할 것은 이스라엘이나 이방인이나 모두 제가 잘나서가 아니라 하나님의 은혜로 구원받았다는 사실이다. 우선 이방인들은 자신들의 구원이 이스라엘 민족의 역사를 토대로 이루어졌음을 기억해야 한다. 그것은 첫 열매를 하나님께 드릴 때 그 열매가 모든 열매를 대표한다는 제사 의식의 원칙이 설명해 준다(11:16).

감람나무에 접붙여진 돌감람나무로 비유되는 이방인의 구원 사건은 구원의 뿌리가 이스라엘 민족에게(예수 그리스도) 있음을 확인시켜 주고 있다(11:16~18). 돌감람나무인 이방인이 구원받고 참감람나무인 이스라엘 민족의 가지가 꺾이기는 했지만(11:19), 이 사실로 인해 이방인이 자랑할 것이 아니라 오히려 두렵고 떨리는 마음으로 하나님을 향해 감사하며 조심할 필요가 있다(11:20). 왜냐하면 접붙임을 받은 가지가 시원치 않을 경우 원가지보다 꺾일 가능성이 훨씬 더 높기 때문이다(11:21).

바울은 이스라엘과 이방인의 구원 역사에서 하나님의 성품의 양면성을 보여 주고 있다. 하나님의 인자하심과 준엄하심, 이 두 가지 대립되는 성품은 인간의 선택에 좌우된다. 인간이 하나님의 보호 영역을 스스로 벗어나면 하나님의 준엄하심이 그에게 임할 것이다(11:22). 이것은 마치 인간이 자연법칙 가운데 하나인 중력을 무시하면 그 대가를 치르는 것과 같다고 하겠다. 하나님은 믿음으로, 감사함으로 그 은혜를 받는 자에게만 복을 나누어 주실 수 있다. 믿음과 구원의 법칙에 관한 한 하나님은 인간을 강제로 인도하실 수 없다. 하나님이 값없이 주시는 선물을 받기 위해서는 믿음을 가진 인간의 손이 필요하다. 유대인이 가지치기 당한 것은 열매를 맺지 않았기 때문이다. 이처럼 이방인도 열매를 맺지 않으면 잘려 나갈 것이다.

# 깊이
## 읽기 _ 실패를 통해 축복을

이스라엘이 넘어진 것은 회복 불가능한 수준도 아니고 영원히 넘어진 것도 아니다. 이스라엘이 넘어졌지만 모든 이스라엘이 넘어진 것도 아니다. 더구나 그들의 넘어짐은 이방인을 부요케 하기 위함이다.

하나님은 징계하시면서 다시 나아갈 바른길을 보여 주며 인도하신다. 이스라엘을 먼저 부르신 하나님은 그들이 부름에 충성하지 않을 때 이방인을 구원의 중심에 부르셨다. 그러나 여기에는 이스라엘로 시기케 하여 유대인을 구원하기 위한 하나님의 전략이 숨어 있다. 이로써 구원받은 유대인과 이방인으로 이루어진 참 이스라엘의 구원이 완성되는 것이다.

이스라엘을 버리고 이방인을 구원 도구로 부르시는 사건은 언제나 하나님의 방법을 버리면 구원의 반열에서 잘려 나간다는 사실을 일깨워 준다. 믿음의 원칙을 반드시 따르자. 이스라엘이 넘어짐으로 이방인이 구원받았지만, 넘어지지 않았다면 더 큰 은혜가 임했을 수도 있다. 하나님의 방법을 오해하지 말아야 한다. 이스라엘의 넘어짐에서 풍성한 결과가 나왔다고 해서 이스라엘의 실패를 합리화하지는 못한다. 이스라엘이 부르심에 응답했다면 더 풍성한 열매를 맺었을 것임을 기억하자.

::
# 최고의 신비,
# 하나님의 구원 계획 11:25~36

하나님의 방법은 이스라엘의 불순종을 통해 이방인을 구원하시고,
이방인의 구원을 통해 이스라엘을 구원하심으로써 온 인류를 구원
하시려는 것이다.

인간 창조부터 시작해서 온 인류를 구원하시려는 하나님의 계획
은 신묘막측한 신비(mystery)에 속하는 것이다. 그런데 하나님만 아
시던 비밀이 계시를 통해 인간에게 알려졌다. 이스라엘 민족이 구
원을 얻으려다 넘어지고, 오히려 구원의 길에서 멀었던 이방인이
구원받은 것은 하나님이 실패하신 것도 아니고 그 계획을 변경하
신 것도 아니다. 하나님의 구원 계획은 창세 전부터 세워진 것인데
단지 인간들에게 숨겨져 있었을 뿐이다. 신비 중 최고의 신비는 하
나님의 구원 계획이다. 인간의 행위가 아닌 하나님의 의를 믿음으
로써만 구원 얻을 수 있다는 사실은 참으로 믿기 어려운 신비다(롬
3:21~22). 남녀가 부부가 되어 한 몸이 되듯이, 하나님을 전혀 알지

못하던 이방인이 주님의 몸된 교회를 이룬다는 사실은 비밀 중의 비밀인 것이다(엡 5:32).

그러나 바울은 또 다른 비밀을 말하고 있다. 앞의 비밀들은 이미 이루어진 사건이지만, 아직 성취되지 않은 비밀이 남아 있다(11:25). 그것은 이스라엘 민족의 역사에 관한 것이다. 하나님의 시간은 정해져 있지만 우리에겐 비밀이다. 하나님의 때가 차매 예수 그리스도를 여인의 몸에서 태어나게 하시고 율법 아래 놓이게 하신 것처럼(갈 4:4), 또한 하나님의 때가 되어 예수 그리스도께서 십자가에서 죽으시고 부활하신 것처럼, 온 인류를 구원하시는 사건에도 하나님의 방법과 하나님의 때가 있다. 이것은 아직 우리들에게 비밀로 남아 있다.

그 비밀의 내용은 "이방인의 충만한 수가 들어오기까지 이스라엘의 더러는 우둔하게 된 것"(롬 11:25)이다. 이방인의 수가 다 차기까지 일부 이스라엘 사람들은 불신앙을 고집할 것이라는 예언이다. '이방인의 충만한 수'는 많은 숫자를 말하지만 모든 이방인을 포함하지는 않는다. 이방인들 중에도 택함을 입은 자만 구원을 받을 것이다. 그리하여 구원 얻은 백성이 천국에서 셀 수 없는 큰 무리를 이룰 것이다. "각 나라와 족속과 백성과 방언에서 아무도 능히 셀 수 없는 큰 무리가 나와 흰 옷을 입고 손에 종려 가지를 들고 보좌 앞과 어린 양 앞에 서서"(계 7:9) 큰 소리로 찬양할 것이다.

"그리하여 온 이스라엘이 구원을 받으리라"(롬 11:26). 이 구절은 크게 두 가지로 해석할 수 있다. 하나는 '온 이스라엘'이 이스라엘 민족 전체를 말하는 것으로 보는 견해다. 이 견해에 따라 세대주의 신학에서는 인류 구원사를 이방인의 세대와 그 뒤에 따라올 유대인의 세대로 나눈다. 이방인에게 얼마간 복음이 전파되다가 때가 오면 유대인이 대대적으로 예수 믿고 구원 얻는 일이 일어날 것이라고 해석한다.

또 다른 해석을 보면, '온 이스라엘'이란 유대 민족만의 이스라엘이 아닌, 아브라함의 약속의 자녀들을 일컫는다(9:7~8, 갈 3:29 참조). 여기에는 유대인과 이방인이 모두 포함된다. 유대인이 구원사의 주류를 이루어 내려오다 유대인들의 마음이 완악해짐으로 인해 구원사의 주류가 이방인들에게로 옮겨지게 되었다. 하지만 하나님은 다시 이스라엘 민족이 하나님의 구원 계획을 깨닫도록 하여 구원사의 주류로 합류하게 하신다는 해석이다.

문맥상으로 보아 전자의 해석이 더 합당하다. 본문이 속한 문맥은 분명 민족으로서의 이스라엘을 말하고 있기 때문이다. 하지만 두 번째 해석도 완전히 배제할 수 없다. 어떤 해석이 되었든지 하나님의 분명한 의도는 이방인과 유대인 모두를 구원하는 것이다. 그 방법은 변함없이 시온에서 오신 구원자가 야곱에게서 경건치 않은 것을 돌이키시고 그들의 죄를 용서해 주시는 것이다(롬 11:26~27). 결국 유대인도 이방인도 모두 예수 그리스도를 믿는 믿음으로, 하나님의 은혜로 구원 얻을 수 있다.

아직 완전히 계시가 끝난 것은 아니다. 하지만 구원을 계획하고 이끌어 나가시는 하나님의 역사는 완전하여 바뀌지 않는다. 하나님의 방법은 이스라엘의 불순종을 통해 이방인을 구원하시고, 이방인의 구원을 통해 이스라엘을 구원하심으로써 온 인류를 구원하시려는 것이다. '온 이스라엘', 온 인류가 구원받는다는 의미는 무조건 기계적으로 구원한다는 것이 아니고 믿는 자를 구원한다는 것이다. 인류 구원을 위한 하나님의 구원 계획은 신비롭다. 하나님은 한쪽의 불순종을 이용하여 다른 쪽을 구원하시며 긍휼을 베푸는 계기로 삼으신다(11:30~32).

유대인이나 이방인 모두 죄인이지만(1~3장), 하나님은 누구에게나 값없이 은혜를 베푸신다. 궁극적인 하나님의 구원 계획은 온 인류를 구원하시려는 보편주의(universalism)다. 조직신학에서 말하는 보편주의란 모든 인간을 무조건 구하신다는 말이지만, 여기에서 모든 사람에게 구원을 베푼다는 말은 구원받을 자, 즉 구원받을 유대인은 물론 유대인의 불순종을 계기로 구원을 얻게 될 모든 인류에게 긍휼을 베푸신다는 뜻이다(11:32).

신앙생활을 오랫동안 한 사람들 중에는 자신이 하나님의 비밀을 다 이해한 듯이 말하는 사람들이 있다. 하지만 이 세상에서 하나님의 비밀을, 그 지혜와 지식의 풍성함을 측량할 수 있는 사람은 아무도 없다(11:33~34). 우리는 오직 겸손히 주님 앞에 서서 그분이 우리에게 펼치실 놀랍고 오묘한 구원 계획을 기대할 뿐이다. 감사와 기다림으로, 두렵고 떨림으로 모든 것의 근원이자 주관자이시고 궁극의 목적이 되신 하나님께 세세무궁토록 영광을 돌리는 것만이 우리가 할 일이다(11:36).

이상으로 사도 바울은 인간 구원 역사에 나타난 하나님의 구원 계획을 자세히 설명하며, 인간은 믿음과 은혜로만 구원받을 수 있음을 강조하였다. 이 일을 행하시는 하나님은 참으로 의롭고 믿을 만한 분이심을 보여 주며, 기독교 신앙의 교리를 정확하고 분명하게 제시하였다.

## :: 깊이 읽기 _ 절대로 자만하지 말라

수확의 첫 곡식을 드리면 수확량 전체가 거룩해진다. 이방인이 하나님께 구원받은 것은 하나님의 첫 번째 백성이 된 유대인의 반열을 따라서 이루어진 것이다. 또한 예수 그리스도께서 잠자는 자들의 첫 열매가 되신 것에 기초해서 모든 구원이 이루어진다. 이방인은 유대인의 뿌리에 접목된 것임을 기억하며 감사하고 조심해야 한다. 자랑하고 교만할 일이 아니다.

감람나무는 이스라엘의 특권을 상징한다. 그런데 이 감람나무에 돌감람나무가 접붙임을 받았다. 진정한 뿌리는 예수 그리스도이며, 유대인과 이방인 모두 아브라함의 언약인 그리스도 안에서 열매를 맺게 되는 것이다.

이방인은 전혀 자랑할 것이 없다. 유대인도 마찬가지다. 구원은 하나님이 주시는 은혜의 선물을 믿음으로 받는 것뿐이다. 인간의 공로는 전혀 개입되지 않는다. 유대인이 가지치기 당한 것은 열매를 맺지 않았기 때문이다. 마찬가지로 이방인도 열매를 맺지 않으면 꺾일 것이다. 어느 누구도 하나님의 구원하심을 향해 자랑해서는 안 된다.

어제나 오늘이나 영원토록 변하지 않으시는 하나님의 성품 역시 한결같다. 하나님은 인간과 관계를 맺으시는 인격적인 하나님이시다. 인간은 양자택일을 해야 한다. 하나님은 말씀에 불순종하는 자에게는 준엄하시고, 순종하는 자에게는 인자하시다. 선택은 각자에게 달려 있다.

구원 역사에서 하나님이 행하신 접붙임은 세상 방법과 차이가 있다. 하나님은 뿌리를 사용하기 위해 돌감람나무 가지를 접붙이기도 하고(하나님은 돌감람나무도 전혀 새롭게 변화시키는 능력을 가지신 분이다), 잘라 버린 가지를 다시 접붙이기도 하신다. 이방인도 유대인도 창조주 하나님 앞에서 두렵고 떨림으로 그분께 순종해야 한다.

하나님이 하시면 무슨 일이든 가능하다. 그분의 뜻은 깊고 오묘하며 인간이 헤아려 알기가 어렵다. 구원받은 지체가 취할 자세는 감사와 겸손으로 찬양을 드리는 것뿐이다. 그 어떤 것도 하나님의 은혜 아닌 것이 없다. 진정으로 은혜의 의미를 깨달은 사람은 독점을 주장하지 않는다. 자비를 입은 사람들은 다른 사람들도 그 자비를 얻을 수 있도록 노력을 아끼지 말아야 한다.

이스라엘이 아니라 이방인이 구원을 얻은 것은 하나님의 구원 계획이 실패해서도 아니고 계획이 바뀌어서도 아니다. 인간은 전혀 알지 못하고 하나님만 아시는 많은 비밀이 있다. 그중에 오묘한 것이 구원 계획이다. 모든 구원 계획에는 하나님의 때와 기한이 있다. 그 대략의 시기는 계시가 되었다. 바로 이방인의 충만한 수가 돌아올 때이다. 즉 이방인 중에서 구원받을 사람이 다 구원받은 후에 유대인의 구원이 이루어진다. 유대인 중에서 이방인의 구원 기간 동안에 믿는 사람도 있다. 그러나 대규모의 유대인을 위한 본격적인 구원 계획은 이방인의 수가 다 찬 후에 이루어진다.

그러나 어느 시기에 믿게 되든 하나님의 구원 원칙, 즉 믿음으로만 구원 얻는다는 사실은 변하지 않는다. 한쪽의 불순종을 이용하여 다른 쪽을 구원하고 양쪽에 긍휼을 베푸는 계기로 삼으시는 하나님의 구원 계획은 신비하다.

이방인과 유대인에게 값없이 동일하게 긍휼을 베푸시는 하나님께 감사를 드리자. 하나님은 모든 사람이 구원 얻는 것을 원하신다! 하나님의 구원 계획은 인간이 이해할 수 있는 영역 밖에 있다. 전지전능하신 하나님이 하시는 일은 그 넓이와 길이와 높이와 깊이가 한이 없다. 이 풍성함을 깨달아 맛볼 수 있는 것은 예수 그리스도의 사랑으로 충만해질 때 가능하다.

하나님 앞에 설 때 인간은 비로소 자신의 진정한 모습을 발견할 수 있다. 하나님을 다 이해하는 것도 불가능하고 그분의 뜻을 능가하는 것도 불가능하다. 그분의 지혜와 지식 앞에서 인간은 보잘것없는 피조물임을 깨닫게 되고, 진정한 겸손과 믿음을 갖게 된다. 하나님께 순종하고 그분을 경배하는 것이 인간 본연의 모습이다. 우리가 가지고 있는 것 중에서 하나님께 받지 않은 것이 하나도 없다. 주의 손에서 받은 것을 돌려드릴 뿐이다.

하나님은 만물의 근원이시다. 모든 것이 그분에게서 시작되었고 지금도 그분을 통해 유지되어 나가고 있다. 만물의 존재 목적도 그분을 위해서다. 그분의 부요하심을 아들을 통해 우리에게 계시해 주신 하나님을 찬양하자. 하나님 앞에 선 인간이 당연히 해야 할 일은 그분을 영원히 찬양하는 것이다. 호흡이 있는 자마다 여호와를 찬양할지어다!

# 10

## 생활 속의 믿음, 행동하는 그리스도인 <sub>롬 12:1~21</sub>

- 하나님이 기쁘게 받으시는 예배
- 하나님의 뜻을 분별하려면
- 은사 활용의 원칙
- 모든 사람과 더불어 화목하라

::

# 하나님이 기쁘게 받으시는 예배 <sup>12:1</sup>

예배의 요소와 형식에 관해 많은 논란이 있을 수 있으나 근본정신은
하나밖에 없다. 예배드리는 자가 그 어떤 것보다도 먼저 자기 자신을
하나님께 헌신하는 것이다.

모든 바울의 편지가 그러하듯, 로마서도 전반부(1~11장)는 기독
교의 중심 교리에 대해, 후반부(12~16장)는 그리스도인의 실천에 대
해 서술한다. 바로 이 두 부분(교리편과 실천편)을 연결시켜 주는 고리
역할을 하는 단어가 '그러므로'(12:1)다. 바울이 설파하는 교리의 특
징은 행위의 모든 규범이 믿음에 근거하고 있다는 사실이다. 구원
도 믿음으로 얻지만, 믿음으로 구원 얻은 사람이 거룩한 삶을 살아
가는 것도 믿음으로만 가능하다. 이것이 바로 복음에 나타난 하나
님의 의, 즉 믿음으로 믿음에 이르는 기독교의 기본 교리이다(1:17).

바울은 신자들의 신앙생활을 위해 필수적이고 근본적인 조건으
로 자기 몸을 '거룩한 산 제물'로 드릴 것을 권유하고 있다(12:1). 사

마리아의 수가 성 우물가에서 만난 여인이 예수님께 예배드리는 문제를 질문했다(요 4:20). 여인은 "예루살렘과 그리심 산에서 드리는 예배 중 어느 것이 바른 예배입니까?"라고 묻는다. 예수님은 참된 예배는 장소나 형식에 좌우되는 것이 아니라 예배를 드리는 올바른 대상과 방법과 자세가 문제임을 지적하셨다. 하나님이 요구하시는 예배는 '영과 진리로 드리는 예배'다(요 4:21~24 참조). 바울 사도는 신자들이 바로 그러한 영적인 예배를 드려야 한다고 권유하고 있는 것이다.

예배의 요소와 형식에 관해 많은 논란이 있을 수 있으나 근본정신은 하나밖에 없다. 예배드리는 자가 그 어떤 것보다도 먼저 자기 자신을 하나님께 헌신하는 것이다. 하나님이 기뻐하시는 것은 인간의 마음이다. 마음이 없는 제사는 하나님이 가증히 여기시는 것일 뿐임을 사무엘을 비롯한 구약의 선지자들이 누누이 지적하고 있다 (삼상 15:22, 미 6:6~8). 바울은 하나님이 기뻐하시는 예배를 한마디로 '영적 예배'라고 정의한다(롬 12:1).

영적 예배를 드리는 방법은 산 제물을 드리는 것이다. 구약에서 하나님께 제사를 드릴 때 제물로 바쳐지는 동물은 반드시 피를 흘리며 죽게 되어 있었다. 그러나 구약의 동물 제사는 예수 그리스도의 속죄제로 단번에 완성되어 더 이상 필요 없게 되었다(롬 6:10, 히 9:18~26). 그러므로 신자들은 이제 생활을 통해 자신의 몸을 죄에 바치지 말고 오히려 의의 무기로 하나님께 바쳐야 한다고 바울은 권고하고 있다(롬 6:12~13).

예배의 중요한 요소는 올바른 대상인 하나님께만 드리는 것이다. 하나님께 예배를 드려야 하는 근거는 로마서 1~11장에 설명되어 있다. 예배의 기초는 의로우신 하나님이 은혜로 우리에게 베푸신 '모든 자비하심'에 두고 있다. 인간의 지식도, 의지도, 감정도 아닌 하나님의 자비하심만이 참 영적 예배의 근거가 되는 것이다. 모두가 죄인인 인간은 예외 없이 하나님의 진노 아래 놓여 있었다. 하나밖에 없는 아들 예수 그리스도를 영원하고 완전한 속죄 제물로 아낌없이 바쳐서 우리를 구원하신 하나님의 사랑과 자비하심이야말로 하나님께 헌신하게 만드는 근거가 되는 것이다.

우리 몸을 하나님께 제물로 바치는 구체적인 조건도 제시되어 있다. 구약에서 하나님께 바치는 제물은 흠이 없는 온전한 것이어야 했다. 몸의 한 부분이라도 불구이거나 이상이 있는 것은 하나님이 기쁘게 받지 않으셨다.

::
## 깊이
## 읽기 _ 생활과 예배가 하나 될 때

하나님의 오묘한 은혜를 깨달은 사람은 마땅히 하나님께 자신의 삶을 산 제물로 드려야 한다. 레위기에 따르면 번제물은 본인의 형편에 맞추어 선택하되, 생명 있는 것을 죽여 각을 떠서 피는 제단에 뿌리고 고기는 제단에서 완전히 불사르게 되어 있다. 물론 제물로 드릴 짐승은 흠 없고 깨끗하고 가장 좋은 것이어야 한다. 주님을 찬미하고 선을 행함으로써 하나님께 기쁜 제사를 드리자.

구약에서는 하나님을 경배하는 방법이 제사였으나, 신약에서는 예배로 바뀌었다. 영과 진리 없는 예배는 용납되지 않는다. 지금도 하나님은 영과 진리로 예배드리는 자들을 찾고 계신다. 나의 생애 자체가 하나님 앞에 예배로 드려져야 한다. 생활과 예배가 분리되면 진정한 예배를 드린다고 말할 수 없다.

자신의 삶을 산 제물로, 영적 예배로 드리는 비결은 지혜와 지식이 부요하신 하나님의 뜻을 따라 사는 것이다. 이 세상을 따라 살아서는 안 된다. 오직 마음을 새롭게 함으로 변화를 받을 때 비로소 하나님의 뜻을 알아차릴 수 있다. 하나님의 뜻은 선하고 기쁘고 온전한 것이다.

자기 자신을 제물로, 영적 예배로 드렸다고 말하기에 부끄러움은 없는가? 먼저 하나님께 자신을 드린 사람만이 하나님의 뜻을 찾고 평안한 삶을 살 수 있다.

::

# 하나님의 뜻을 분별하려면 12:1~5

마음을 새롭게 하고 변화를 입은 사람은 하나님의 뜻이 무엇인지 분별할 수 있게 된다. 세상과 육신의 욕심에 가려졌던 눈에서 비늘이 떨어지고 영안이 열릴 때 비로소 하나님의 뜻을 볼 수 있게 된다.

신약시대에 우리가 드릴 영적인 예배는 다음과 같은 성격을 갖는다.

첫째, 우리의 몸 전체를 드린다. 이는 주님이 율법사를 가르칠 때 인용하셨던 말씀에 잘 나타나 있다. "네 마음을 다하고 목숨을 다하고 뜻을 다하여 주 너의 하나님을 사랑하라"(마 22:37). 예배에 우리 몸의 100퍼센트를 헌신해야 한다. 흠도 없고 티도 없이 드려야 '거룩한 산 제물'이 될 수 있다.

둘째, 하나님이 기쁘게 받으시는 제사다. 구약에도 하나님이 기쁘게 받으시는 제물과 가증하게 여기시는 제물이 있었다. "여호와께서 아벨과 그의 제물은 받으셨으나 가인과 그의 제물은 받지 아니하신지라"(창 4:4~5). 겉으로 보기에 아무리 번지르르하고 훌륭한 헌신을 드려도 100퍼센트를 바치지 않은 영적 제사는 하나님이 받지 않으시는 쓸모없고 가증한 제사가 되고 만다.

하나님을 믿고 따르는 이들의 주된 관심사는 어떤 것이 하나님의 뜻인지를 분별하여 그 뜻대로 살아가고자 하는 데 있다. 바울 사도가 하나님의 뜻을 분별할 수 있는 비결을 알려 준다.

첫째 조건은 우리 몸을 거룩한 산 제물로 하나님께 온전히 헌신하는 것이다. 온전한 영적 예배 없이는 하나님의 음성을 제대로 들을 수 없다. 헌신 없이 하나님의 음성을 들으려 애쓰는 자에게는 하나님이 아닌 자신의 음성만이 들릴 뿐이다.

둘째 조건은 이 세대를 본받지 않는 것이다(롬 12:2). 하나님의 뜻이라고 말하면서 하나님의 방법이 아니라 세상의 방법을 따라갈 위험은 항상 존재한다. 이 세상은 하나님을 무시하고 사탄이 왕 노릇하고 있는 영역이기 때문이다. 믿는 자들은 사탄의 영역을 침범하여 하나님 나라를 확장하며 살아가야 할 사람들이다. 이 세대를 본받지 말고 세상을 변화시켜 나가야 한다.

그렇지만 이미 우리 마음이 세상의 나쁜 풍조에 물들어 버렸기 때문에 마음을 새롭게 하기 전에는 순수한 하나님의 뜻을 분별하는데 어려움을 겪는다. 우리 마음이 새롭게 되어야 참된 변화가 가능하다. 우리의 행위와 습관이 변화되기 위해서는 먼저 마음이 새로워져야 한다. 마음의 변화는 개인의 노력이나 의지로 되는 것이 아니다. "성령의 새롭게 하심"(딛 3:5)으로만 가능하다. 또한 믿음의 순종으로만 가능한 것이다.

거룩한 산 제물이 된 후에 마음을 새롭게 하고 변화를 입은 사람은 하나님의 뜻이 무엇인지 분별할 수 있게 된다. 세상과 육신의 욕심에 가려졌던 눈에서 비늘이 떨어지고 영안이 열릴 때 비로소 하나님의 뜻을 볼 수 있게 된다. 하나님의 자녀들이 얼마나 자주 세상적인 눈으로 이 세대의 어두움의 자녀들처럼 하나님의 뜻을 오해하며 살았는가? 우리의 영안이 열리기를 위해 기도해야 한다. 하나님의 뜻은 언제나 선하시고 기뻐하시고 온전하시다. 이 뜻대로 살 때 올바른 판단과 행동이 가능해진다.

하나님의 뜻을 말할 때 조심해야 할 한 가지는, 하나님의 뜻은 모든 개인에게 언제나 똑같이 적용되는 고정 틀이 아니라는 사실이다. 개개인을 향한 하나님의 계획과 뜻은 독특하다. 바울은 이것을 "하나님께서 각 사람에게 나누어 주신 믿음의 분량"(롬 12:3)이라고 부르고 있다. 참된 지혜는 하나님이 개개인에게 주신 청사진을 따라서 인생을 살아 나가는 것이다. 나를 향한 하나님의 계획과 뜻을 벗어나는 것은 마치 건축가가 주어진 설계도를 무시하고 자기 멋대로 집을 짓는 것과 같다. 하나님이 허락하지 않으신 은사를 추구하거나 혹은 그렇게 살려고 하는 것은 하나님이 기쁘게 받지 아니하신다.

교회 안에서 문제가 생기는 이유는 하나님이 개개인에게 나눠주신 성령의 선물, 은사를 잘못 활용하는 데 있다. 그 예로 다음 두 가지를 들 수 있다.

첫째, 하나님이 주신 은사를 사용하지 않고 땅에 묻어 두는 경우다. 모든 그리스도인은 최소한 한 가지 이상 성령의 은사를 받았다. 하나님으로부터 받은 달란트를 충성스럽게 사용하는 것이 바로 하나님의 뜻을 따라 사는 길이고, 하나님께 착하고 충성된 종이라고 칭찬 듣는 길이다. 그런데 대부분의 그리스도인은 자신이 어떤 은사를 받았는지 알지 못하고, 교회 역시 이 사실에 별로 신경을 쓰지 않고 있다.

하나님이 성령의 은사를 우리에게 주신 목적은 "성도를 온전하게 하여 봉사의 일을 하게 하며 그리스도의 몸을 세우려 하심"(엡 4:12)이다. 따라서 하나님으로부터 받은 은사를 사용하지 않거나 받은 은사를 잘못 사용하는 것은 하나님의 뜻에 순종하지 않는 것이다. 교회 성장의 비결은 하나님의 몸으로서 각 지체가 맡은 기능을 감당하는 데 있다(롬 12:4). 그런데 받은 은사를 그리스도의 몸인 교회를 위해 사용하지 않고 엉뚱한 데 사용하기 때문에 문제가 생기는 것이다.

둘째, 받지도 않은 성령의 은사를 사용하겠다고 나서는 경우다. '믿음의 분량'은 내가 정하는 것이 아니고 하나님으로부터 주어지는 것이다. 따라서 받은 것 이상을 추구하는 것은 교만이고, 받은 것 이하로 사는 것도 게으르고 무책임한 일이다. 성령의 은사를 사용하는 지혜는 하나님께 받은 은사를 최대한 활용하는 것이다. 이 사실은 예수님이 들려주신 달란트의 비유(마 25:14~30)에 가장 잘 나타나 있다.

각각 기능이 다른 몸의 지체들이 조화를 이루지 아니하면 절대로 올바른 성장이나 평화가 이루어질 수 없다. 그리스도의 몸인 교회는 수많은 개개인 그리스도인들이 지체를 이루며, 이 지체들은 하나님으로부터 받은 각각의 독특한 기능을 가지고 있다(롬 12:4~5). 이 지체들과 몸 사이에는 두 가지 중요한 관계가 형성되어야 한다. 개개의 지체는 최대로 존중되어야 하고, 자신의 기능을 완수하여야 몸에 이상이 생기지 않는다. 만일 신체의 어느 한 부분이라도 정상에서 벗어나면 온몸이, 즉 모든 지체가 그 영향을 받게 된다(불구가 되거나 병에 걸리게 된다).

각 지체의 다양성이 유지되는 동시에 각 지체 상호 간에 통일성이 확립되어야 한다. 모든 지체는 머리이신 그리스도의 명령에만 순종해야 한다. 그런 의미에서 각 지체는 100퍼센트 머리에 헌신해야 한다. 머리이신 그리스도의 뜻을 올바로 분별하고 순종해야 몸이 올바르게 기능한다. "온 몸이 각 마디를 통하여 도움을 받음으로 연결되고 결합되어 각 지체의 분량대로 역사하여 그 몸을 자라게 하며 사랑 안에서 스스로 세우느니라"(엡 4:16).

::
깊이
읽기 _ 나의 믿음의 분량은 얼마인가?

'믿음의 분량' 안에서 생각하고 행하라는 권면을 주님을 섬기는 일을 하지 않으려고 변명하는 데 사용해서는 안 된다. 하나님이 주시지도 않은 은사를 활용하려 할 때 적용되어야 할 말이다. 은사는 하나님이 각자에게 가장 적당하게 나누어 주시는 것이지 인간이 노력해서 생기는 것이 아니다. 즉 내가 정하는 것이 아니다.

한 몸에는 여러 지체가 있으며 그 기능은 각기 다르다. 각 지체가 맡은 책임을 다할 때 몸이 정상적으로 활동할 수 있다. 각 지체를 다른 지체와 비교해서는 안 된다. 하나님이 내게만 주신 고유한 삶을 살 수 있도록 자신의 믿음의 분량을 찾도록 노력해야 한다.

하나님이 각자에게 주신 믿음의 분량은 각각 다르다. 그러나 목적은 다 똑같다. 은사는 공동체를 섬기기 위한 지체의 기능일 뿐이다. 각자가 받은 은사를 그 목적에 맞게 활용해야 한다. 모든 지체는 자기가 아닌 남을 돕기 위해서 존재함을 잊지 말라. 그리스도 안에서 각 지체의 독특성과 한 몸을 이루는 연합성은 둘 다 보전되어야 한다.

은사의 목적은 "성도를 온전하게 하여 봉사의 일을 하게 하며 그리스도의 몸을 세우려 하심"(엡 4:12)이다. 받은 것 이상을 추구하지 말며, 받은 것 이하로도 살지 말라. 주어진 것을 최대로 활용하라.

::
# 은사 활용의 원칙 12:6~11

하나님이 주신 은사들을 활용하는 원칙은 주님이 제자들에게 주신 가장 큰 계명에서 찾을 수 있다. 즉 하나님 사랑과 이웃 사랑이다. 하나님에 대한 사랑은 악을 미워하고 선을 행하는 것으로 표현된다.

바울 사도는 각 지체가 하나님께 받은 은사를 어떻게 효과적으로 사용해야 하는지에 대한 기본자세를 제시하고 있다.

첫째, 모든 은사는 하나님의 은혜로 주어졌다는 사실이다(롬 12:6).

둘째, 이 은사는 각각 다르다는 사실이다. 여러 가지 은사가 나열되어 있는데(12:7~8), 모든 은사의 공통점은 그 용도가 자기 자신을 위한 것이 아니라 다른 사람을 위한 것이라는 점이다.

셋째, 각각의 은사는 맡겨진 사명을 독특하고 성실하게 수행하는 데 사용되어야 한다는 사실이다.

성령의 은사와 직분에 대해 언급한 바울은 이제 모든 성도에게 적용되는 기본적인 기독교 윤리를 제시하고 있다(12:9~21). 이 행동 원칙 속에서 우리는 산상수훈의 메아리를 들을 수 있다. 주님이 하신 말씀들이 여러 산들에 부딪쳐 돌아올 때 조금씩 변형되지만 근본적으로는 같은 소리를 낸다.

하나님이 주신 은사들을 활용하는 원칙은 주님이 제자들에게 주신 가장 큰 계명에서 찾을 수 있다. 즉 하나님 사랑과 이웃 사랑이다. 하나님에 대한 사랑은 악을 미워하고 선을 행하는 것으로 표현된다(12:9). 선과 악의 문제는 행위 이전에 소속의 문제, 즉 출생(거듭남)의 문제다. 사랑은 하나님의 영역이고, 선함 역시 하나님의 성품이다. 이에 반대되는 영역은 거짓과 악한 것들이다. 바로 사탄의 영역이다. 신자들은 자신의 근본 소속을 분명히 해야 한다.

로마서 12장 10절에서는 형제 사랑이 구체화된 행동 방식으로 나타난다. 서로 우애하고 먼저 존경하는 것이다. 주님이 가르쳐 준 사랑은 모든 사람이 사랑하며 섬기는 자가 되는 것이다. 그 결과 모든 사람이 섬김을 받고 사랑받는 자가 된다. 만일 그리스도인들의 모임에서 특정한 사람만 사랑을 받고 섬김을 받는다면, 그 모임은 잘못된 것임에 틀림이 없다. 10절의 형제 사랑은 자연스럽게 11절의 하나님 사랑으로 연결된다. 하나님을 섬기는 자세는 부지런함과 열심이다. 게으른 자는 세상일은 물론 하나님을 섬기는 데 있어서도 전혀 쓸모가 없다. 참 믿음은 열심을 동반해야 한다.

::

# 깊이
## 읽기 _ 사랑에는 수고가 따라야 한다

기독교의 핵심은 사랑이다. 사랑이신 하나님이 예수 그리스도를 보내 주심으로 사랑의 확실한 본을 보이셨다. 서로 사랑하면 주님의 제자인 것이 증명된다. 사랑은 건전한 인간관계의 근본이다. 사랑은 진리와 함께하고 악을 멀리한다. 사랑으로 형제와 친구 관계가 굳어지며 서로를 존경하게 된다.

세상일뿐 아니라 하나님을 섬기는 일에도 부지런함과 열심이 요구된다. 주님께 초점을 맞춘 사람은 참된 소망을 가지게 되며, 기도를 통해 환난을 이기는 힘도 얻을 수 있다. 하나님을 섬기는 믿음은 소망과 인내와 직결된다. 믿음 없는 세대에서 보이지 않는 것과 바라는 것들을 굳게 잡아야 한다(히 11:1).

신자들의 인간관계에서는 제일 먼저 성도들 간의 사랑이 행동으로 나타나야 한다. 사랑은 말로 하는 것이 아니다. 사랑에는 수고가 따라야 한다. 더 나아가 성도의 사랑은 알지 못하는 사람들에게로 확장되어야 한다. 손님 대접은 사랑을 가지고 있는 사람들이 도움을 필요로 하는 사람들에게 보이는 자연스런 반응이다. 사랑은 자연스럽게 습관이 되도록 마음속 깊이 새겨져야 한다. 사랑은 자기희생에 근거하며, 다른 사람을 배려하는 마음씨로 남에게 필요한 것을 준비된 자세로 나누어 주는 행위를 말한다.

::

# 모든 사람과 더불어 화목하라 12:12~21

그리스도인들은 악에게 저서는 안 되며, 악을 악으로 갚아서도 안 된다. 오히려 악을 선으로 이기는 것이 가장 좋은 방법이다. 이것이 바로 우리 주님이 오셔서 우리를 구속하신 방법이다.

로마서 12장 12절의 "소망 중에 즐거워하며 환난 중에 참으라"는 명령은 예수님의 팔복 말씀과 유사하다. "의를 위하여 박해를 받은 자는 복이 있나니 천국이 그들의 것임이라 나로 말미암아 너희를 욕하고 박해하고 거짓으로 너희를 거슬러 모든 악한 말을 할 때에는 너희에게 복이 있나니 기뻐하고 즐거워하라 하늘에서 너희의 상이 큼이라"(마 5:10~12).

계속해서 12절의 "기도에 항상 힘쓰며"는 산상수훈 중 기도에 관한 말씀과 주기도문을 연상시킨다(마 6:5~13). 14절의 박해받으면서도 저주 대신 축복하라는 말씀 역시 원수 사랑을 명령하신 산상수훈과 연결된다(마 5:43~48). 또한 "할 수 있거든 너희로서는 모든 사람과 더불어 화목하라"는 18절 말씀은 팔복 가운데 일곱 번째 복인 "화평하게 하는 자는 복이 있나니 그들이 하나님의 아들이라 일컬음을 받을 것임이요"(마 5:9)를 반영하고 있다.

17~20절에서 원수 사랑을 강조하고 있는 것은 당시 로마교회가 처했던 상황을 엿볼 수 있게 한다. 바울은 핍박과 박해에 직면한 로마의 교인들에게 세상을 본받지 말고 마음을 새롭게 하여 변화를 받으라고 한다. 그리하여 세상 사람들처럼 악으로 악을 갚거나(롬 12:17) 친히 원수를 갚으려 하는 대신(12:19), 하나님의 방법을 따라 하나님의 주권 하에 문제를 해결하도록 독려한다.

하나님의 법칙은 세상의 행동 원칙과 전혀 다르다. 하나님의 법칙을 따를 때 오히려 문제가 완전히 해결된다. 인간적인 방법은 악하게 대하는 자는 악하게 대하고(12:17), 자기가 직접 원수를 갚는 것이다. 그 결과는 계속적인 악의 반복과 원수 갚기의 악순환일 따름이다. 원수를 사랑하고 박해하는 자를 위해 기도하는(마 5:44) 것이야말로 하나님의 방법이다.

바울은 구체적으로 "네 원수가 주리거든 먹이고 목마르거든 마시게 하라 그리함으로 네가 숯불을 그 머리에 쌓아 놓으리라"(롬 12:20, 잠 25:21~22 참조)고 명령하고 있다. 나쁜 의미로는 상대방이 더 큰 하나님의 형벌을 받게 된다고 해석할 수 있고, 좋은 의미로는 상대방의 마음을 사랑으로 녹여 회개하도록 만든다고 해석할 수도 있다. 문맥상으로 보아 원수를 사랑하는 구체적인 방법과 이에 따르는 좋은 결과를 얻는 후자의 해석이 더 타당하다 하겠다. 하나님의 뜻은 완전하며 선하다. 모든 악과 원수 갚기가 반복되지 않고 한 세대에서 끝날 수 있다.

결론으로 사도 바울은 악을 대하는 그리스도인의 근본 태도에 대해 말하고 있다(롬 12:21). 그리스도인들은 악에게 져서는 안 되며, 악을 악으로 갚아서도 안 된다. 오히려 악을 선으로 이기는 것이 가장 좋은 방법이다. 이것이 바로 우리 주님이 오셔서 우리를 구속하신 방법이다. 이처럼 하나님의 뜻을 추구하는 모든 이는 항상 사랑으로, 하나님 편에서 하나님의 주권을 믿는 믿음으로 선을 행해야 한다. 이러한 바울 윤리의 기초는 죄인을 불러 예수 그리스도를 믿는 자들을 의롭다고 하신 '하나님의 의'에 근거하고 있다.

::
깊이
읽기 _ 선은 악을 이기는 힘이 있다

당신은 남에게 복수하는 데 빠른가, 아니면 화평케 하는 데 빠른가? 예수님은 십자가에서까지 원수를 위해 기도하셨다. 원수 갚는 것은 우리 몫이 아니다. 가장 완전하게 보복하시는 하나님께 맡기라. 우리가 할 일은 주님의 본을 따라 사랑으로 그들의 미움을 녹이는 것이다. 원수의 필요에 민감하라. 주님의 큰 사랑을 경험한 자만이 할 수 있는 일이다.

평화롭게 살기 위해 오늘 할 수 있는 모든 일을 시도해 보라. 주님은 결코 우리 가슴속 깊은 곳의 절망과 슬픔을 무시하지 않으신다. 그 반대로 주님은 "우는 자들과 함께 울라"(12:15)고 명령하신다. 그러기 위해서는 감정은 물론 사고방식이 다른 사람보다 겸손해야 한다. 화평하게 하는 자만이 하나님의 아들이라 불릴 수 있다(마 5:9).

세상적인 행동 원칙과 하나님 나라의 법칙은 많이 다르다. 세상에서는 선은 선으로, 악은 악으로 갚을 것을 권하지만, 하나님 나라에서는 선도 선으로, 악도 선으로 대하라고 명령한다. 하늘나라에서는 악이 용납되지 않는다. 악을 이기는 최고의 비결은 선으로 악을 이기는 것이다.

우리 마음에 분노가 머물 때, 우리의 생각과 행동에 독이 퍼진다. 원수를 원수로 갚으면 우리도 상대방과 똑같은 수준으로 내려간다.

# 11

## 그리스도인과 세상 권세 롬 13:1~14

- 왜 모든 권세에 순종해야 하는가?
- 순종과 불순종의 방법
- 빛의 자녀답게 살아가려면

::
# 왜 모든 권세에 순종해야 하는가? <sup>13:1~4</sup>

권세에 순종해야 하는 이유는 모든 권세의 근원이 하나님이기 때문
이다. 인간이 지닌 모든 권세 역시 하나님이 만드신 것으로서, 하나
님이 정하신 원칙에 따라 운영되고 있다.

로마서 12장에서 사도 바울은 악을 이기는 기본 원칙이 원수를
사랑하는 것임을 확실히 했다. 이 기본 원칙이 실제 생활에 적용될
때 제일 먼저 떠오르는 원수, 혹은 핍박의 진원지는 당시의 로마 정
부다. 그러므로 네로 황제를 비롯해서 당장 그리스도인들의 모임과
신앙 자체를 위협하고 있는 정부의 권세 잡은 자들을 어떤 자세로
대할 것이냐는 심각한 고민 중의 하나였다.

바울 당시뿐 아니라 오늘에 이르기까지 가장 논란이 많이 되는
것은 "각 사람은 위에 있는 권세들에게 복종하라"는 13장 1절 말씀
이다. 이 말씀은 일본의 식민 통치 시절에도 그리스도인들을 회유
할 때 제일 먼저 사용된 말씀이었다. 심지어 공산주의자들도 이 말

씀을 들어 교회에 대한 자신들의 권위를 내세우고 있다. 이 구절이 정치 세력과 타협을 이루는 근거가 아닌 진정한 하나님의 뜻을 발견하는 데 쓰이기 위해서는 본문에 대한 정확한 이해가 필요하다.

권세에 순종해야 하는 이유는 모든 권세의 근원이 하나님이기 때문이다. 하나님은 온갖 피조물을 창조하셨고, 지금도 세상을 다스리고 계신다. 인간이 지닌 모든 권세 역시 하나님이 만드신 것으로서, 하나님이 정하신 원칙에 따라 운영되고 있다. 심지어 하나님을 믿지 아니하는 정권까지도 하나님의 섭리 아래 있다는 사실을 성경은 보여 주고 있다.

대표적인 예로 바울은 출애굽 당시 애굽 왕이었던 바로에 관해 언급한다. "내가 이 일을 위하여 너를 세웠으니 곧 너로 말미암아 내 능력을 보이고 내 이름이 온 땅에 전파되게 하려 함이라 하셨으니"(롬 9:17). 바울은 이 말씀을 통해 하나님의 절대적인 주권을 강조했다. 세상 권세에 관한 로마서의 구절들은(13:1, 9:17) 인간 권력도 하나님이 정하신 것이므로 우리가 순종해야 한다고 말한다. 여기서 주의해야 할 것은, 인간 세상의 권력은 하나님의 절대 권력의 일부분이며, 전적으로 하나님의 권세 아래 있다는 사실이다.

따라서 권세를 거스르는 자는 하나님의 명을 거스르는 것이며, 더 나아가 하나님의 심판을 받게 되는 결과를 낳는다(13:2). 권위에 불순종해서 비참한 최후를 맞는 경우는 성경에서 찾아볼 수 있다. 모세의 권위에 불순종하다가 멸망한 고라의 자손들(민 16장)과 사무엘에게 불순종하고 자신들의 왕을 요구했던 이스라엘 백성의 경우

(삼상 8:7)가 그 예이다. 그들이 거역한 것은 모세나 사무엘이 아니라, 모세와 사무엘을 대리자로 세우신 하나님을 거역한 것이다. 이처럼 바울이 언급한 '모든 권세'란 세상적인 권세뿐만 아니라 영적인 권세까지 포함하는 것이다.

세상 권세를 사용하는 자나 권세에 순종하는 자가 반드시 알아야 할 사실이 있다. 그것은 하나님이 인간에게 하나님의 권세를 위탁하신 목적이다. 이 목적은 하나님으로부터 위임받은 인간의 모든 능력과 달란트에도 적용되는 것으로, 권세를 잘못 사용해서는 안 되며 그 권세에 순종하는 자 역시 맹목적인 순종을 해서는 안 된다는 사실이다. 권세를 주신 하나님의 목적은 두 가지로 정리된다.

첫째, 하나님의 정의를 진작시키기 위한 것이다(롬 13:3). 이 세상과 역사의 궁극적인 주관자가 하나님이시고, 인류의 역사는 하나님이 의도하신 대로 흘러가고 있음을 기억해야 한다.

둘째, 악한 자를 처벌하는 하나님의 심판을 대신하기 위한 것이다(13:4). 바울은 권세를 사용하는 자를 '하나님의 사역자'라 부르고 있다. 영어성경(KJV)에서는 'minister'라는 단어를 사용했다. 이 영어 단어는 국가의 장관에 대한 호칭인 동시에 목사에 대한 명칭이기도 하다. 올바른 권세자는 그 권세의 근원과 사용 목적을 아는 사람이어야 한다. 권세는 이 땅에 하나님의 정의를 실현하기 위해 공권력을 상징하는 칼을 가지고 사람들을 복종하게 만드는 것이다(13:4).

따라서 하나님의 정의를 따라 살아가는 그리스도인들은 국가 권력을 무서워 할 이유가 없다. 왜냐하면 세상에 있는 어떤 독재 정부라도 하나님의 뜻대로 공의를 행하는 사람을 처벌할 근거는 없기 때문이다. 세상에서도 권선징악은 일반적인 사회 원칙인 것이다.

권세에 순종하는 문제에서 가장 큰 논쟁거리는 독재 정부에 대한 그리스도인의 자세다. 권세에 복종하는 것은 하나님의 뜻이지만 맹종하는 것은 하나님의 뜻이 아니다. 어거스틴은 "정의가 없는 왕국은 도적의 큰 집단일 뿐"이라며 도적들에게는 원칙적으로 굴복하지 않아도 된다고 말한다. 수긍이 가는 말이기는 하지만 실제로 이 원칙을 적용하는 것은 쉽지 않다. 어떤 권세 체제를 정의의 집단이라고 할 수 있는지 그 기준이 문제가 되기 때문이다.

하나님의 엄격한 기준으로 본다면 이 땅에서 정의로운 권세 체제를 찾기는 무척 힘들 것이다. 더구나 바울이 로마서를 썼던 때가 기독교를 탄압하던 네로 황제 치하였다는 사실을 생각하면, 바울은 원칙적으로 기존의 권세 체제를 인정하고 있었음을 알 수 있다.

바울과 동일하게 네로에게 핍박받다가 로마에서 순교했다고 전해지는 베드로가 순교하기 얼마 전에 쓴 그의 편지에서 이 문제에 대해 중요한 원칙을 말해 주고 있다. "인간의 모든 제도를 주를 위하여 순종하되 혹은 위에 있는 왕이나 혹은 그가 악행하는 자를 징벌하고 선행하는 자를 포상하기 위하여 보낸 총독에게 하라"(벧전 2:13~14).

권세에 순종하라는 권면은 운명론적인 생각에서 나온 것이 아니다. 하나님의 정의를 실현하는 것이 그 목적이다. 더구나 선을 행하는 그리스도인들은 권세 잡은 자들(네로 같은)과 항상 부드러운 관계를 유지할 수 있다. 그러나 선을 행함으로 인해 권세 잡은 자들과 충돌이 일어날 경우, 그 해답은 명백하다. 더 높은 분, 권세의 근원이 되시는 하나님의 명령에 순종하는 것이다.

초대교회의 사도 요한과 베드로가 하나님의 도를 전파하다가 제사장들과 사두개인들에게 잡혔을 때가 그런 상황이었다. 유대 지도자들은 베드로와 요한을 위협하였다. "이 후에는 이 이름으로 아무에게도 말하지 말게 하자…예수의 이름으로 말하지도 말고 가르치지도 말라"(행 4:17~18). 이에 대해 베드로와 요한은 "하나님 앞에서 너희의 말을 듣는 것이 하나님의 말씀을 듣는 것보다 옳은가 판단하라 우리는 보고 들은 것을 말하지 아니할 수 없다"(행 4:19~20)는 말로 이 세상에 있는 그 어떤 권세보다도 하나님의 권세에 순종함이 먼저인 것을 보여 주었다.

::
깊이
읽기 _ 세상 권력에 순종하라. 그러나…

로마서가 기록될 당시 로마 황제가 네로였던 사실을 생각하면, 권세에 복종하라는 말씀은 충격적이다. 아무리 악한 세상 권세라도 근본적으로는 그들에게 순종하라는 것이 기독교의 입장이다. 그 이유는 모든 지상 권력은 하나님이 위임하고 허락하신 것이기 때문이다. 따라서 권세에 불순종하는 것은 하나님을 거스르는 것이다.

하나님이 세상 권력에 순종하라고 하신 것은 하나님의 정의를 유지하고 악한 자들을 징계하기 위해서다. 아무리 악한 지도자라도 하나님을 대신해서 악을 벌하고 선을 세워야 한다는 원칙에 따라야 한다. 그럴 때만 그들의 권력이 튼튼해진다. 세상 권세가 있기에 완전하지는 않지만 세상 질서가 어느 정도 유지되는 것이다.

권세에 대한 순종은 마음속에서 우러나오는 것이어야 하며, 처벌이 무서워서가 아니라 더 높은 하나님의 법으로 인해 순종해야 한다. 세금을 내고 법률을 지키는 등 국민으로서 당연히 해야 할 일을 성실하게 수행함으로써 모든 사람에게 본을 보여야 한다.

권세에 순종해야 하지만 독재자의 명령이 하나님의 명령에 배치될 때는 상위법 우선의 원칙에 따라 사람보다 하나님을 순종하는 것이 마땅하다(행 5:29).

::
# 순종과 불순종의 방법 13:3~4

세상 집권자들의 명백한 잘못을 지적하며 합법적인 방법과 정해진
절차에 따라 고치려 하는 것은 분명히 권위에 대한 순종, 혹은 건설
적인 불순종이라 할 수 있다.

권세에 복종할 때 또 하나 문제가 되는 것은 순종과 불순종의 방
법이다. 권세에 순종한다는 것은 권세 잡은 자가 하라는 대로 무조
건 다 하는 것이 아니다. 하나님 앞에서 장기적인 안목을 가지고 행
동할 필요가 있다. 세상의 권세 잡은 자는 시간이 지나면 그 세력이
바뀌기 때문이다.

신자들에게는 정해진 법의 테두리 안에서 자신의 권리를 사용
하여 하나님의 정의를 실현할 의무가 있다. 이 원칙은 바울의 생애
속에 잘 나타나 있다. 바울이 로마 시민권을 복음 전파에 활용한 사
실(행 22:25)은 바울이 대제사장을 욕하다가 잘못을 시인한 모습(행
23:3~5)과 함께 올바른 복종과 불복종의 원칙을 보여 준다.

'하나님의 권세 우선'이란 원칙 하에서 자신의 로마 시민권을 사용한 것은 불복종이 아니라 복종의 한 방법이었다. 그런 의미에서 세상 집권자들의 명백한 잘못을 지적하며 합법적인 방법과 정해진 절차에 따라(입법과 선거 등) 고치려 하는 것은 분명히 권위에 대한 순종, 혹은 건설적인 불순종이라 할 수 있다. 성경에 나타난 권세의 사용과 복종은 원칙적으로 하나님의 뜻과 공의(정의)의 실현을 위한 것이어야 한다.

권세에 불순종할 때의 방법과 자세도 문제의 쟁점이다. 권세를 사용하는 자들이 하나님의 뜻에 어긋나게 행할 때 그 권력은 오래 가지 못한다. 이러한 예는 사울 왕을 비롯하여 이스라엘을 괴롭히던 이방 침략자들에게서 찾을 수 있다. 자신의 권세로 하나님을 거스르면 더 큰 하나님의 처벌을 받는다.

권세에 불순종하는 동기가 자신의 이익과 안일을 위한 것이어서는 안 된다. 일부에서는 하나님 나라의 정의를 실현한다는 명분을 내세워 폭력적인 방법을 써서라도 하나님의 뜻을 이루겠다는 잘못된 신학을 등장시키기도 했다. 여기에 관한 가르침은 우리 주님이 대제사장의 종 말고의 귀를 자른 베드로에게 주신 말씀에 잘 나타나 있다. "이에 예수께서 이르시되 네 칼을 도로 칼집에 꽂으라 칼을 가지는 자는 다 칼로 망하느니라"(마 26:52).

바울 사도는 "악을 악으로 갚지 말고 모든 사람 앞에서 선한 일을 도모하라"(롬 12:17)는 대원칙을 전제로 하여 모든 권세에 복종하라는 가르침을 제시한 것이다. 원수 갚는 것은 하나님의 권한이다. 신자들이 해야 할 일은 사랑하고 평화를 추구하며 선으로 악을 이기는 것이다. 그것이 원수의 머리에 숯불을 쌓아 놓는 것이다 (12:20). 바울은 모든 믿는 자가 그리스도의 정신으로 사회 속에 들어가 사랑의 방법으로 잘못된 사회 구조와 체제를 바꾸기를 바랐다. 여타 기독교 국가들도 이런 방법으로 탄생했음을 세계사를 통해 확인할 수 있다.

::

## 깊이 읽기 _ 사랑은 완전한 승리를 준다

그리스도인들이 권세자에게 지켜야 할 의무와 모든 사람을 향하여 가져야 할 올바른 관계를 '빚' 개념으로 설명할 수 있다. 그리스도인들은 하나님께 사랑의 빚을 졌고, 구원받지 못한 사람들에게는 복음 전파의 빚을 졌다. 나아가 이웃을 사랑하고 원수까지 사랑하라는 명령에 이르면 도저히 다 갚을 수 없는 끝없는 거룩한 부담을 지고 있다.

하나님이 주신 십계명의 근본정신은 "하나님을 사랑하고 이웃을 사랑하라"는 계명 속에 다 들어 있다. 우리가 다른 사람들을 사랑의 법으로 대할 때, 다른 사람들과 올바른 관계를 맺을 수 있을 뿐만 아니라, 사랑으로 모든 율법을 완성시킬 수 있다.

이웃 사랑의 계명은 다른 모든 계명을 포함한다. 하나님과 이웃을 사랑하는 자는 당시의 로마법도 잘 준수할 뿐더러 하나님의 법도 완전히 지킬 수 있게 된다. 하나님을 사랑하는 자가 이웃에게 악을 행할 리 없기 때문이다.

우리가 진 사랑의 빚은 하나님이 독생자 예수 그리스도를 통하여 우리에게 베풀어 주신 영원한 생명과 구원이다. 나의 인간관계는 사랑이 중심인가?

## :: 빛의 자녀답게 살아가려면 <sup>13:5~14</sup>

인간에게는 의를 행할 의지도, 능력도 없다. 단지 예수 그리스도로 옷 입을 때에만 인간은 빛의 자녀로서 빛의 열매, 성령의 열매를 맺을 수 있다.

바울은 로마서 13장 5~7절에서 권세에 복종하는 방법을 열거하고 있다.

첫째, 복종하는 동기를 분명히 해야 한다. 처벌이 무서워서 억지로 복종하는 것이 아니라 자발적인 양심으로, 하나님이 권세를 허락하신 절차와 목적을 알기에 기꺼이 복종하는 것이다(13:5).

둘째, 권세를 가진 자들에게 우리의 순종의 열매를 나타내야 한다. 조세와 관세를 내고, 또한 권세를 가진 자들을 존경함으로써 그들이 '하나님의 일꾼'으로 일할 수 있는 바탕을 마련해 주어야 한다(13:6~7). 이 원칙은 예수께서 바리새인과 헤롯당들에게 주신 대답에도 잘 나타나 있다. "가이사의 것은 가이사에게, 하나님의 것은 하나님께 바치라"(막 12:17).

그리스도인의 사회생활에 관한 원칙에도 '사랑'이라는 대전제가 깔려 있다. 성도들의 인간관계가 의무로 끝나서는 안 된다. 오히려 서로 사랑하여 더 적극적이고 건설적인 인간관계를 만들어 나가야 한다. 인간관계에서 가장 중요한 원칙이 바로 '서로 사랑하는' 것이다. 다 갚을 길이 없는 사랑의 빚 외에는 다른 빚을 지지 말아야 한다(롬 13:8).

우리가 하나님으로부터 받은 사랑의 빚은 아무리 갚아도 다 갚을 수 없는 끝이 없는 빚이다. 인간관계를 좀먹는 제일 무서운 요인이 채무관계라면, 인간관계를 꽃 피우는 제일 좋은 방법은 서로 사랑하는 것이다. 사랑하는 자는 구약의 율법을 이미 다 이룬 것이다(13:10). 그 이유는 율법의 가장 큰 계명이 하나님 사랑이고, 둘째가 이웃 사랑이기 때문이다(마 22:37~40 참조).

사랑과 연결 지어서 바울은 종말론적인 각성을 촉구한다(롬 13:11~14). 위에 있는 권세에 대한 참된 복종과 이웃에 대한 진정한 사랑이 가장 독려되는 때는 마지막이 가까울 때이다(13:11). 주님이 재림하셔서 악을 행한 자들을 심판하시고, 평화를 추구하고 선을 행한 이들의 수고와 눈물을 갚아 주실 날이 점점 가까워지고 있다. 그러므로 믿는 이들은 더욱 선을 행하는 데 힘써야 한다.

지금은 자다가 깰 때다. 부정부패와 부조리로 가득 찬 세상, 사탄이 지배하는 세상의 어둠이 깊어 가면 갈수록 새벽이 가까워 온다. 때를 알아볼 수 있는 믿음의 눈이 모든 신자에게 필요하다. 구원의 날이 점점 가까이 오고 있다는 것은 예수 그리스도의 재림이 멀지 않았다는 뜻이다. 마라톤 경기에서 아무리 지치고 기진맥진한 선수도 결승점에 가까이 오면 새로운 힘을 짜내어 최후까지 완주하는 것을 볼 수 있다. 이처럼 우리의 신앙 경주 역시 결승점이 눈앞에 있다.

그러므로 바울은 성도들에게 빛의 자녀답게 "어둠의 일을 벗고 빛의 갑옷을 입자"(13:12)고 권면한다. 인간은 밤에, 어둠 가운데 숨어서 죄를 짓는다. 방탕과 술 취함과 음란과 호색 등은 '밤 문화'의 대표적인 행동들이다(13:13). 대낮의 밝은 빛 속에서 인간은 자신의 욕심을 억제하며 단정한 옷과 마음가짐을 지니게 된다. 낮에 입어야 할 성도들의 옷은 바로 '예수 그리스도의 옷'이다. 인간에게는 의를 행할 의지도, 능력도 없다. 단지 예수 그리스도로 옷 입을 때에만 인간은 빛의 자녀로서 빛의 열매, 성령의 열매를 맺을 수 있다. 그리스도의 옷은 '빛의 갑옷'이기도 하다. 성도는 그리스도의 군사 된 자로서 진리와 믿음과 말씀으로 완전 무장한 하나님의 전신 갑주를 입어야 한다(엡 6:11~17 참조).

결국 권위에 순종하는 삶도, 사랑하며 사는 삶도 개인의 존재 의식에 좌우된다. 행위 이전에 그리스도로 옷 입었는지, 아니면 육신의 정욕에 사로잡혀 있는지가 문제다(13:14). 성도들은 빛의 자녀답게 빛이신 그리스도의 갑옷을 입고 있을 때 진정한 복종도, 진정한 사랑의 인간관계도 가능해진다. 그리스도인들의 행위는 철저하게 신앙의 기초에 뿌리박고 있다.

:::

# 깊이
# 읽기 _ 빛의 자녀들의 특징

바울은 사랑과 연결지어서 성도들에게 종말론적 각성을 촉구한다. 위에 있는 권세에 대한 복종과 이웃에 대한 사랑을 격려하는 것은 때의 징조다(13:11). 주님이 재림하셔서 악을 행한 모든 자를 심판하실 것이다. 평화를 추구하고 애써서 선을 행하는 이들의 모든 수고와 눈물을 갚아 줄 날이 점점 가까워 온다. 이 사실만큼 선을 행하도록 강한 동기를 부여하는 것은 없다.

사탄의 지배로 암흑이 깊어질수록 새벽이 가까워 오는 것을 볼 수 있는 믿음의 눈이 모든 그리스도인에게 필요하다. 우리의 구원의 날이 점점 가까워 오고 있다는 의미는 예수 그리스도의 재림 때 완성될 우리의 신앙의 달음질에서 결승점이 점점 가까워 온다는 것이다.

따라서 성도들은 '빛의 갑옷'을 입어야 한다. 인간에게는 의를 행할 아무런 의지도 능력도 없다. 단지 '예수 그리스도의 옷'을 입을 때에만 빛의 자녀로서 빛의 열매, 성령의 열매를 맺을 수 있다. '그리스도의 옷'은 '빛의 갑옷'이기도 하다.

로마서 13장 11~13절은 어거스틴을 변화시킨 말씀이다. 이는 기독교 역사를 변화시키는 사건이 되었다. 나는 말씀으로 어떻게 변화되었는가?

# 12

## 성숙한
## 그리스도인의 태도 롬 14:1~15:13

## :: 다름과 차이를 인정하라 14:1~3

믿음이 강한 자와 연약한 자의 차이가 문제의 불씨가 된다. 눈에 보이지 않는 영적인 세계를 누구나 다 인정할 만한 절대적 기준으로 판단하기는 어렵기 때문에 문제가 더욱 심각해질 수 있다.

한국 기독교의 문제 중 하나는 교회가 분열하고 싸우는 것이다. 한국 기독교에는 수많은 교파가 존재한다. 도대체 교회가 왜 이렇게 많이 갈라진 것일까? 이는 비단 한국 기독교만의 문제가 아니며, 오늘날만의 문제도 아니다. 세계 모든 나라의 교회는 물론이고, 사도 바울 당시에도 동일한 문제가 존재하고 있었다.

교회의 분열과 다툼은 교회 내에 존재하는 불평등과 의견 차이로 인해 발생하게 된다. 우리 사회에서도 가장 큰 갈등을 일으키는 것이 불평등의 문제다. 인류 문화와 역사를 살펴볼 때, 끊임없이 행복을 추구하는 인간의 노력에도 불구하고 인간은 언제나 불평등 속에 살아왔다.

사실 자유와 평등은 상대적인 것이며, 이 두 가지 개념은 서로 대립될 수도 있다. 자신이 가진 자유를 마음껏 누리다 보면, 다른 사람의 자유나 권리를 해치기 마련이다. 또한 누군가 많은 부를 소유하게 되면 나머지 사람은 적게 가질 수밖에 없다. 즉 한 사람의 부는 다른 사람의 가난을 전제로 하고 있다.

사람들은 모두 자기 잘난 맛에 산다. 비교할 대상이 생기기 전까지는 모든 사람이 왕처럼 최고의 만족을 누리며 살 수 있다. 그러나 일단 비교 대상이 생기면 지금까지의 평화는 깨지고 만다. 둘의 차이로 인해 한쪽이 우월해지고 다른 한쪽은 열등의식을 느낀다.

이런 불평등의 문제는 영적인 세계에도 존재한다. 똑같이 예수를 믿지만 그 속에는 믿음의 차이나 사고방식의 차이가 있기 마련이다. 특별히 믿음이 강한 자와 연약한 자의 차이가 문제의 불씨가 된다. 눈에 보이지 않는 영적인 세계를 누구나 다 인정할 만한 절대적 기준으로 판단하기는 어렵기 때문에 문제가 더욱 심각해질 수 있다. 따라서 심한 편견과 오해는 결국 분열과 싸움을 낳게 된다.

바울은 구원받은 모든 그리스도인에게 주어진 하나님의 의가 영적으로 완전한 자유를 선사했음을 보여 주었다. 이제 이 자유를 어떻게 누릴 것인가 하는 것이 로마서 후반부의 중심 주제다. 율법과 죄에서 해방된 개개인은 불평등과 의견 차이라는 벽에 부딪혔다. 바울은 로마서 14장에서 어떻게 개인의 자유를 사용할 것인가에 대한 기본 원칙을 제시해 주고 있다. 영적 자유와 평등의 조화를 배우게 될 것이다.

바울은 영적 불평등을 해결할 네 가지 원칙을 제시한다.

첫째, 개인 간에 존재하는 차이를 인정하며 조화를 이루어 살라. 모든 사람이 똑같은 종류와 똑같은 분량의 믿음을 갖고 살 수는 없다. 이미 바울은 각 사람에게 "마땅히 생각할 그 이상의 생각을 품지 말고 오직 하나님께서 각 사람에게 나누어 주신 믿음의 분량대로 지혜롭게 생각하라"(12:3)고 권유했다. 즉 어느 선까지는 하나님이 주신 개인차를 인정하며 조화롭게 살아가는 것이 하나님의 뜻이다. 섣불리 영적 세계의 평등을 내세우는 것은 혼란만 불러온다.

둘째, 믿음이 굳건한 자들은 믿음이 연약한 자들을 사랑으로 받아들여라(14:1 상반절). 상대방을 받아들이는 자세가 제일 중요한데, 있는 그대로 비판 없이 받아들여야 한다.

바울 당시 시장에 나오는 모든 고기와 포도주는 로마의 이방신들에게 제사 드린 것들이었다. 그래서 어떤 신자들은 고기나 포도주를 먹는 것은 이방신과 교제하는 것이라고 여겨서 육식을 피했다. 반면에 음식 먹는 것에 제한받지 않고 자유롭게 사는 성도들도 있었다. 이 두 부류의 의견 차이는 서로 비방하고 분쟁을 일으킬 소지를 지니고 있었다. 바울은 어떤 경우든 차이가 존재하는 것은 엄연한 현실임을 받아들이는 것(14:2)이 바른 태도라고 말한다.

믿음이 굳건한 자들은 믿음이 연약한 사람을 업신여기기 쉽다. 특별히 율법의 의식적인 측면에서 자유롭게 된 성도들은 아직도 율법에 얽매여 사는 연약한 성도들을 볼 때 그들을 비판하기 쉬운데, 그것은 바른 자세가 아니다. 우리는 남을 판단할 자격이 없기 때문이다. 성숙한 신앙을 가진 사람은 아직 신앙의 깊은 경지에 들어가지 못한 자들을 이해하고 격려해야 한다. 이것이 화목을 이룰 수 있는 두 번째 원칙이다. 왜냐하면 성숙한 자들도 믿음이 연약한 과정을 거쳐 왔기 때문이다.

셋째, 믿음이 약한 자들은 믿음이 굳센 사람을 비판하지 말라(14:3 중반절). 아직 신앙의 초보단계에 있는 사람들은 자신이 알지 못하는 신앙의 깊이에 들어간 사람들의 행동을 함부로 비난해서는 안 된다는 것이다. 이것이 교회 내에 영적 화목을 이룰 수 있는 세 번째 원칙이다. 내가 이해하지 못했다고 무조건 상대방을 비난하는 것은 극히 위험하기 때문이다. 믿지 않는 사람들이 그리스도인들을 볼 때 어리석어 보이거나 거리끼는 행동을 하는 것처럼 보이듯이(고전 1:18 참조), 신앙이 약한 사람들의 눈에는 강한 신앙을 지닌 사람들의 행동이 잘못된 것으로 보일 수도 있기 때문이다.

이상의 세 가지 원칙은 비단 음식 문제만이 아니라 모든 분야에 적용되어야 할 원칙이다. 신앙의 깊이가 차이 나는 사람들을 조화시키고 교회의 분열을 막을 수 있는 중요한 원칙이다. 특히 분열을 예사로 생각하는 현대 그리스도인들에게는 매우 중요한 원칙이라 하겠다.

넷째, 믿음의 차이를 인간의 기준이 아니라 하나님이 용납하고 인정하시는 기준으로 판단하라(롬 14:3 하반절). 하나님의 기준으로 볼 때 우리는 훨씬 겸손한 자세와 사랑의 태도를 지녀야 한다. 인간은 판단을 받아야 할 대상이지 남을 판단할 주관자는 될 수 없다.

간음한 현장에서 잡힌 여자에게 돌을 던지려던 사람들은 주님의 음성을 듣고 하나씩 물러났다(요 8:3~11 참조).

## ::
## 깊이
## 읽기 _ 개인의 자유와 평등의 조화

교회 분열과 그리스도인들의 다툼은 교회 내에 존재하는 불평등이나 의견 차이로 인해 발생한다. 바울은 로마서 전반부에서 하나님의 절대적인 사랑을 믿는 모든 이에게 영적으로 완전한 자유가 주어졌음을 설명하였다. 이 자유를 어떻게 누릴 것인가가 후반부의 중심 주제이다. 14장은 그 해결책으로 개인의 자유와 평등의 조화에 대해 다루고 있다.

해결의 첫째 원칙은 개인의 차이를 인정하고 조화를 이루어 사는 것이다. 어느 선까지는 하나님이 주신 개인차를 현실로 인정하는 것이 하나님의 뜻이다. 둘째, 성숙한 신앙을 가진 사람은 아직 신앙이 깊지 못한 자들을 이해하고 격려해야 한다. 셋째, 아직 신앙이 초보인 사람들은 자신이 알지 못하는 신앙의 깊이에 들어간 사람들의 행동을 함부로 비난해서는 안 된다. 넷째, 무엇보다 중요한 원칙은 이런 차이점을 인간의 기준에 두지 아니하고 하나님의 기준으로 판단하는 것이다. 결국 인간관계를 구성하는 근본 원칙도 하나님의 은혜를 믿는 믿음에 근거하고 있음을 알 수 있다.

::
# 사람은 사람을
# 판단할 자격이 없다 14:4~12

무슨 행동을 하느냐의 문제 이전에 어떤 자세를 가지고 있느냐가 핵
심 쟁점이다. 마음의 왕좌에 그리스도께서 앉아 계시면 더 이상 자기
자신을 위해 살거나 죽거나 하지 않는다.

바울은 로마서 14장 4절에서 우리가 남을 판단하거나 비난해서
는 안 될 이유를 구체적으로 나열하고 있다.

첫째, 우리는 모두 하나님의 하인일 뿐, 다른 사람의 주인이 아
니기 때문이다.

둘째, 진정으로 판단할 자격을 갖춘 존재는 하나님 한 분밖에 없
기 때문이다. 하인이 다른 하인을 간섭하고 판단하는 것은 주인의
일을 가로채는 주제넘은 일이 아닐 수 없다.

셋째, 상대방이 취한 태도가 옳고 나의 생각이 틀릴 수도 있기
때문이다. 한 걸음 더 나아가 설사 그 사람이 잘못됐다 할지라도,
내가 아니라 주인이 잘못을 고쳐 주어야 하기 때문이다. 우리의 주

인이신 하나님이 죄인인 우리를 부르셔서 죄를 용서해 주셨다.

각 사람의 사고방식의 차이는 어느 정도까지 인정되어야 한다. 동시에 저마다의 의견을 일치시키려는 노력이 필요한데, 그 이전에 선행되어야 할 것이 있다. 각자의 견해를 갖게 된 동기가 주를 위한 것인지 자기를 위한 것인지를 판단해야 한다. 주를 위하는 마음으로 각각 다르게 생각하는 것은 일차적으로 용납될 수 있다(14:6). 바울 당시 문제가 되었던 음식이나 절기나 안식일 논쟁은 아주 절대적인 사안은 아니었다. 왜냐하면 우리가 지키고 있고 중요하다고 생각하는 많은 것이 장래 일의 그림자이기 때문이다(골 2:17).

이런 문제를 대하는 자세에 대해 바울은 골로새교회에 보낸 편지에서 분명하게 명령하고 있다. "그러므로 먹고 마시는 것과 절기나 초하루나 안식일을 이유로 누구든지 너희를 비판하지 못하게 하라"(골 2:16). 본질을 붙잡으라는 이야기다.

결국 무슨 행동을 하느냐의 문제 이전에 어떤 자세를 가지고 있느냐가 핵심 쟁점이다. 행위가 아닌 믿음으로만 구원 얻는 기독교의 진리와 상통하는 내용이다. 어떤 음식을 먹든 먹지 아니하든 모두 주를 위하여 감사함으로 하는 것이라면 다 허용된다(롬 14:6). 다른 말로 해서, 그 사람의 삶의 방향이 누구에게로 향해 있는가가 더 중요한 문제다. 마음의 왕좌에 그리스도께서 앉아 계시면 더 이상 자기 자신을 위해 살거나 죽거나 하지 않는다. 따라서 그가 행하는 모든 행위는 용납할 만한 행위가 되는 것이다(14:7).

또한 행위 이전에 소속과 소유를 따져야 한다. 누구에게 속했느냐에 따라 그 사람의 행위가 좌우된다(14:8). 주님을 향한 절대 헌신의 표시가 행위에 나타나는 것이다. 바울이 그리스도와 합하여 세례를 받은 자는 이미 그리스도와 삶과 죽음을 함께한 것이라고 강조했던 것처럼(6:3~6), 그리스도의 죽음과 부활 때문에 모든 신자의 삶의 방향은 그리스도에게로 향하게 된다(14:8). 예수님은 십자가에서의 대속의 죽음을 통해 죽은 자의 주님이 되셨고, 생명의 부활을 통해 산 자의 주님이 되셨다. 그리스도인의 인간관계의 근거는 언제나 하나님을 향한 믿음에 있다.

그리스도인들의 의견 차이를 불식시킬 수 있는 또 한 가지 중요한 삶의 자세는 모든 사람이 하나님의 심판대 앞에 서게 된다는 사실을 인식하며 사는 것이다(14:10~12). 자신이 행한 모든 일을 선악간에 심판받게 된다고 생각하면 쉽게 다른 형제를 판단하거나 업신여기지 못할 것이다(14:10). 똑같이 재판정에서 재판받는 피고인이 다른 피고인을 재판하려 하거나 흉볼 수 없다. 자신의 행위에 대해 책임질 자는 오직 자기 자신 뿐이며, 하나님 앞에 홀로 서서 모든 결산을 하게 될 것이다(14:12).

::
# 깊이
## 읽기 _ 하나님 앞에 홀로 선 단독자

마음의 왕좌에 그리스도께서 앉아 계시면 더 이상 자기 자신을 위해 살거나 죽거나 하지 않는다. 따라서 그의 모든 행위는 수용할 만하다(14:7). 내가 누구에게 속했느냐가 행위의 기초가 된다(14:8). 그리스도의 죽음과 부활 때문에 모든 그리스도인의 삶의 방향은 그리스도에게로 향하였다(14:8).

그리스도인의 인간관계의 근거에는 언제나 하나님을 향한 믿음이 전제된다. 그리스도인들 사이에 존재하는 차이를 조화시킬 수 있는 또 하나의 기본 원칙은 모든 사람이 하나님의 심판대 앞에 서게 된다는 사실을 인식하며 사는 것이다(14:10~12). 똑같이 재판정에서 재판받는 피고인이 다른 피고인을 재판하거나 흉볼 자격이 없다. 자신의 행위에 대해 하나님 앞에 홀로 서서 책임질 자는 자기 자신뿐이다.

그리스도인들의 삶과 죽음의 목적은 주를 위한 것이다. 주(Lord)의 의미는 그리스도께 대한 절대 헌신의 고백이다.

::

# 자유보다 중요한 것은 사랑 14:13~21

그리스도 안에서 얻은 자유를 누릴 때 그 자유를 주신 이의 뜻에 맞게 사용하여야 한다. 나만의 자유를 누리다가 다른 형제를 근심하게 하거나 넘어지게 만드는 것은 하나님의 뜻을 어기는 것이다.

그리스도인은 그리스도의 죽음을 통해 자신의 문제를 이미 해결했다. 그리스도의 죽음과 부활 덕분에 더 이상 자신의 문제로 고민하거나 싸울 필요가 없어졌다. 죄 문제는 완전히 해결되었고, 구원은 안전하게 보장되었다. 이제는 자신이 아닌 다른 사람을 위해 걱정하고 조심해야 한다. 다른 사람을 판단하는 대신 상대방의 연약한 믿음을 현실로 받아들이고 그가 죄를 짓거나 넘어지지 않도록 조심하며 살아야 한다(14:13).

이 세상에 있는 많은 것이 그 자체로는 선하지도, 악하지도 않은 중립적인 것들이다. 예를 들어, 음식 자체는 선악 간에 아무 의미가 없다. 그 음식을 먹는 자가 부정한 것으로 받아들이면 부정한 음식이 된다(14:14). 음식을 속되게 만드는 것은 인간의 마음이지 음식 자체가 아니다(딛 1:15 참조).

그리스도 안에서 얻은 자유를 누릴 때 그 자유를 주신 이의 뜻에 맞게 사용하여야 한다. 나만의 자유를 누리다가 다른 형제를 근심하게 하거나 넘어지게 만드는 것은 하나님의 뜻을 어기는 것이다(롬 14:15). 내 자유보다 더 중요한 것이 있음을 알아야 한다. 그것은 다름 아닌 사랑의 원칙이다. 예수 그리스도께서는 자신의 자유를 완전히 희생하여 죄인들을 구원하는 사랑의 본을 보이셨다.

프랑스 대혁명이 실패로 끝난 이유는 자유와 평등만을 추구했기 때문이다. 사랑의 원칙이 부족했기 때문이다. 오늘날 현대를 살고 있는 그리스도인도 자신의 자유와 평등만을 부르짖고 사랑을 무시하면, 신자들과의 관계는 깨어지고 싸움과 분열만 남게 된다. 사랑 없는 정의는 하나님 나라를 무너뜨릴 뿐이다(14:20). 아무리 올바른 일이라도 다른 형제를 생각하면서 행하는 것이 참으로 지혜로운 태도이다(14:21). 하나님 나라의 본질과 그림자를 혼동해서는 안 된다.

인간이 먹고 마시고 살아가는 행위 자체는 겉모양일 뿐이다. 본질적인 핵심은 그런 행위를 이끌어 내는 내면에 있다. 즉 성령 안에 있는 의와 평강과 희락이 하나님 나라를 구성한다(14:17). 제대로 된 신자는 하나님에게 인정받을 뿐만 아니라 사람에게도 인정받는 자가 되어야 한다(14:18).

우리가 기억해야 할 것은 하나님 나라의 우선순위다. 우리의 신앙 행위의 근본 목적은 이 세상이 아니라 눈에 보이지 않는 하나님

나라 건설과 확장에 있음을 늘 명심하여야 한다. 하나님 나라와 그 의를 먼저 구하면, 그 밖의 다른 모든 것은 더해지는 것임을 기억하며(마 6:33) 살아야 한다. 형제를 거리끼게 하거나 넘어지게 할 가능성이 있을 때 자신의 자유를 자제하는 것은 참 아름다운 일이다(롬 14:21). 나 자신이 아무리 하나님 앞에서 떳떳할지라도 남에게 오해받을 만한 행동은 조심하는 것이 지혜롭다.

## :: 깊이 읽기 _ 십자가는 나에게 어떤 의미가 있는가?

성경은 '누구든지 예수를 믿는 사람은 이미 죽었다'고 선언한다. 예수님의 죽음의 의미는 나의 모든 문제와 슬픔, 고통과 죄악과 저주가 예수 그리스도께서 십자가에서 죽으실 때 함께 죽었음을 선언하는 것이다. 고난주간에 은혜를 얼마나 받았는지의 여부는 내가 정말 주님과 함께 죽었음을 느꼈는가에 있다. 아직도 내가 가진 문제가 나를 위협하고 그 문제 때문에 살맛이 안 나고 죽고 싶고 우울증에 빠진다면, 주님이 지신 십자가의 의미를 제대로 묵상하지 못했기 때문이다. 그렇다. 우리는 예수님을 믿기 전에 이미 죽었다. 예수님이 십자가에서 죽으시던 2천 년 전에 우리도 함께 죽었다. 이것이 하나님과 함께함, 하나 됨의 비밀이다. 우리는 한 몸 되는 비밀을 깊이 깨닫고 그 믿음대로 행동해야 한다.

:: 

# 강자는 약자를 배려해야 한다 14:22~15:1

어둠의 세력과 전쟁 중에 있는 교회는 그리스도를 머리로 한 하나의
공동 운명체로서 마땅히 약한 자의 약점을 감당해야 한다. 이러한 공
동체 의식을 가질 때 비로소 교회는 한 몸으로 성장하고 확장된다.

　　믿음은 나와 하나님과의 관계다. 그것을 다른 사람에게 강요하
거나 내세우는 것은 지혜롭지 못하다(롬 14:22). 궁극적인 선악의 기
준은 하나님과의 관계, 즉 믿음이다. 자기 자신이 옳다고 여기는 바
를 굳게 지켜 나가는 분별력 있는 확신이 필요하다. 이 믿음은 전적
으로 하나님과의 관계이지 인간과의 관계가 아님을 기억해야 한다.
하나님을 섬기는 올바른 자세는 하나님과의 올바른 관계를 근거로
사람들과도 올바른 관계를 맺는 것이다. 결국 믿는 사람들에게는
믿음의 원칙이 모든 것에 적용된다. 구원과 죄 사함도 믿음으로 얻
었지만, 올바른 기독교 윤리, 올바른 인간관계도 하나님과의 관계
인 믿음에 기초하고 있다. 따라서 믿음에 기초하지 아니한 그 어떤

것도 죄가 되며 곧 무너지고 말 것이다.

아무리 결과가 위대하다 해도 믿음에 근거하지 않은 일은 모두 죄이다(14:23). 비록 결과는 초라하게 보일지라도 하나님 앞에서 확신 있는 믿음으로 행한 일은 하나님이 기쁘게 받으시는 산 제물이 될 수 있다. 무슨 일을 하든지 믿음으로 감당하는 믿음의 투사들이 되자.

로마서 14장에서 바울은 교회 안의 분쟁과 다툼을 해결하는 원칙들을 제시하였다. 문제 해결을 위해서는 양측이 모두 상대방을 이해하고 인정하며 하나님 앞에서 노력해야 한다. 어느 한쪽의 노력만으로는 해결하기가 힘들다.

그럼에도 불구하고 문제 해결의 열쇠는 좀 더 성숙한 신앙을 가진 강한 자들이 가지고 있다. 여기서 말하는 강한 자는 바울 자신을 포함하여 율법에서 자유를 얻은 자들을 말한다. 약한 자들이라 함은 아직도 율법의 지배를 받으며 절기나 음식 등의 규제에서 자유롭지 못한 신앙생활을 하고 있는 자들을 말한다. 기독교에서 모든 문제 해결의 대원칙은 하나님 나라와 그 의를 먼저 구하는 것이다. 이런 측면을 더 잘 이해하고 행동할 수 있는 사람은 약한 믿음을 가진 사람이 아니라 신앙이 성숙한 사람들이다. 그래서 로마서 15장은 믿음이 강한 자가 마땅히 행해야 할 기본적인 자세를 강조하고 있다.

믿음이 강한 자들이 할 일은 약한 자들의 약점을 비난하는 것이 아니라 오히려 그들의 약점을 자신들이 짊어지는 것이다. 여기에는 여러 가지 이유가 있다.

첫째, 강한 자들이 강하게 된 것은 자신의 공로가 아닌 하나님의 은혜로 된 것이기 때문이다. "믿음이 강한 우리는 마땅히 믿음이 약한 자의 약점을 담당하고"(15:1)에서 쓰인 헬라어 동사는 '오페일로멘(하여야 할 일)'이다. 이 단어는 원래 '빚지다, 의무가 있다'는 의미를 나타내는 '오페일로오'의 미완료시제이다. 즉 믿음이 강한 자가 믿음이 약한 자를 돕는 것은 당연히 해야 할 일이며, 빚을 갚는 것과 같은 의미라는 것이다. 바울은 이미 로마서 1장 14절에서 모든 인간에게 빚진 자임을 선언한 적이 있다. 왜냐하면 모든 신자는 그리스도께 갚을 길이 없는 사랑의 빚을 진 자들이기 때문이다(15:27 참조).

둘째, 기독교는 공동 운명체이기 때문이다. 기독교는 개인으로 이루어진 연합체라기보다는 전체가 한 몸을 이루고 있는 공동 운명체이다. 한 지체의 행위와 상태는 자신은 물론 몸 전체에 직접적인 영향을 미치게 되어 있다. 따라서 다른 지체의 약함은 바로 나 자신의 약함이고 아픔이 되는 것이다. 이 때문에 자신의 이익이 아닌 다른 사람의 이익을 추구하는 것이 결국은 자기 자신을 위하는 것이 된다.

단체 경기에서는 어느 한 개인만 잘한다고 이길 수 없다. 모든 개개인의 행위는 그 팀 전체의 승부와 직결된다. 마찬가지로 단체 생활에서 개인의 이기적인 행동은 용납될 수 없다. 군 생활 중 단체 생활의 진면목을 잘 나타내는 개념이 있는데, 그것은 '전우애'란 단어다. 전투나 훈련 중 한 사람의 행위는 다른 전우들의 생명과 직결되기 마련이다. 이럴 때 모든 구성원은 공동 운명체로서의 기능을 마음껏 발휘한다. 한 병사가 부상당해 움직이지 못할 때 힘이 있는 다른 병사가 그의 군장을 대신 짊어지고 가게 된다. 힘이 있는 사람이 힘없는 사람의 모든 약점을 대신 감당하는 것이다. 특히 전쟁터 같은 분초를 다투는 상황에서는 상대방의 약점을 지적할 여유가 없다. 그런 태도는 문제 해결에 전혀 도움이 되지 않는다.

영적인 상황에도 똑같은 원칙이 적용된다. 상대방이 약점을 보일 때 어둠의 세력과 전쟁 중에 있는 교회는 그리스도를 머리로 한 하나의 공동 운명체로서 마땅히 약한 자의 약점을 감당해야 한다. 이러한 공동체 의식을 가질 때 비로소 교회는 한 몸으로 성장하고 확장된다. 오늘날 전 세계의 교회들이 내적인 분쟁 대신 서로의 약점을 담당하는 것에 힘쓸 때 교회 성장과 지상 명령의 성취도 가능해질 것이다.

::
## 깊이
## 읽기 _ 다른 사람을 배려한다는 것

그리스도의 죽음과 부활을 통해 구원이 보장된 그리스도인들은 이제 자신이 아닌 다른 사람을 걱정하고 조심해야 한다. 다른 사람을 판단하는 대신 오히려 연약한 믿음을 현실로 받아들이고 그가 죄를 짓거나 넘어지지 않도록 조심하며 살아야 한다(14:13).

그리스도 안에서 얻은 자유를 사용할 때 그 자유를 주신 이의 뜻에 맞게 사용하여야 한다(14:15). 사랑 없는 행위는 하나님 나라를 무너지게 할 뿐 아무런 도움이 되지 못한다(14:20). 아무리 옳은 일이라도 다른 형제를 생각하면서 행해야 한다.

결국 그리스도인들은 모든 일에 믿음의 원칙을 따른다(14:23). 구원과 죄 사함도 믿음으로 얻었고, 올바른 기독교 윤리와 인간관계도 하나님과의 믿음에 기초하고 있다. 결과가 위대하다 해도 믿음 없이 얻은 것은 죄이다. 그러나 비록 결과는 초라하게 보일지라도 하나님 앞에서 확신 있는 믿음으로 행한 것은 하나님께 수용되고, 그분이 기쁘게 받으시는 산 제물이 될 수 있다.

내 믿음은 사람과의 관계를 위해서가 아니라 예수님과의 관계를 위해 주어진 것이다. 신앙생활의 기본 원칙은 믿음으로 행하는 것이다. 믿음으로 행하지 않는 것은 모두 죄이다.

::
# 그리스도인의 행동 원칙 15:2~6

예수님이 행하신 것처럼 강한 믿음을 가진 자들은 연약한 믿음 가진 이웃을 위해 자신의 자유를 써야 한다. 신자들의 행위의 근거는 '그 행위가 올바른 것이냐 아니냐'보다 훨씬 높은 차원을 지향해야 한다.

각각의 지체가 맡은 바 임무를 성실히 수행하는 것은 중요하다. 그러면서도 항상 명심할 것은 각 지체는 개인이 아닌 전체의 이익을 추구해야 한다는 사실이다(롬 15:2). 그런 의미에서 자신의 이익이 아닌 이웃의 이익을 항상 생각하는 이타주의 사고방식이 기독교의 근본 행동 원칙이 된다. 믿음이 강한 자들은 자신이 얻은 자유일지라도 자신을 기쁘게 하는 데 사용하지 말고 다른 지체를 기쁘게 하고 전체의 선을 이루며 덕을 이루는 데 사용해야 한다(15:2). 이 원칙은 하나님이 성도들에게 은사를 주신 목적, 즉 "성도를 온전하게 하여 봉사의 일을 하게 하며 그리스도의 몸을 세우려 하심이라"(엡 4:12)는 원칙과 완전히 일치한다. 어떤 의미에서는 그리스도 안에서 강한 믿음을 지닌 자들이 누리는 자유를 성령님이 주신 은사와 동일한 것으로 생각할 수 있다.

강한 자들에게 주어진 가장 강한 권면은 예수 그리스도께서 보여 주신 본이다(롬 15:3 상반절). 인간의 몸을 입고 이 세상에 오신 예수님이 온갖 고초를 당하고 십자가를 지신 사건은 남을 위해 사는 삶이 무엇인지를 잘 말해 주고 있다. 예수님의 생애야말로 고난 받는 의인의 생애를 가장 잘 나타내고 있다(15:3 하반절).

그분은 하나님 아버지를 기쁘시게 하기 위해 성육신하시고, 인류를 구속하기 위해 십자가를 지셨다. 또한 그분의 백성을 위해 부활, 승천하셨고 또 재림하실 것이다. 여기서 말하는 예수님이 받으신 비방은 인간의 비방을 가리킨다. 예수님은 하나님을 사랑하는 단 하나의 이유만으로 이 모든 비방을 혼자 감당하셨다.

예수님이 행하신 것처럼 강한 믿음을 가진 자들은 연약한 믿음 가진 이웃을 위해 자신의 자유를 써야 한다. 신자들의 행위의 근거는 '그 행위가 올바른 것이냐 아니냐'보다 훨씬 높은 차원을 지향해야 한다. 즉 사랑의 원칙을 따라야 한다. 올바르게 행동하는 것은 물론이고 더 나아가서 상대방의 약점까지도 담당해야 한다.

이 일을 감당하기 위해서는 끝까지 견디어 내는 인내가 필요하다. 또한 좌절하기 쉽고 포기하기 쉬운 상황 속에서도 끝까지 믿음 안에 설 수 있도록 격려 받아야 한다. 이런 인내와 격려를 위해 하나님이 우리에게 말씀을 주셨다(15:4).

우리가 믿는 하나님은 우리의 필요를 채우시는 "인내와 위로의 하나님"(15:5)이시다. 우리 하나님이 예수님을 통해 어떻게 살아야 하는지에 대한 최고의 본을 보여 주셨다. 신자들은 주님의 본을 따라 어떤 차이에도 불구하고 한 마음 한 뜻을 품어야 한다. 교회가 한 몸이므로 마음도 하나, 뜻도 하나가 되어야 한다. 마음과 뜻이 하나 되지 아니하면 같은 말이 나올 수 없다. 한 몸 된 교회가 존재하는 근본 목적은 "하나님 곧 우리 주 예수 그리스도의 아버지께 영광을 돌리게 하려는"(15:6) 것이다.

::
깊이
읽기 _ 강한 자의 기본자세

15장은 강한 자가 마땅히 행할 기본자세를 강조하고 있다. 강한 자들에게 주어진 가장 강한 권면은 예수 그리스도께서 보여 주신 본을 따르라는 것이다(15:3). 하나님이신 예수님이 이렇게 사셨다면, 우리도 상대방의 약점까지도 담당하며 살아야 한다.

이를 감당하기 위해 필요한 것은 끝까지 믿음 안에 설 수 있게 만드는 서로의 격려이다. 교회가 존재하는 근본 목적은 하나님, 곧 우리 주 예수 그리스도께 영광을 돌리는 것이다(15:6).

강한 자가 강해진 것은 자신의 능력이 아니라 그리스도를 통해 성령의 은사를 받았기 때문이다. 강한 자가 약자의 짐을 질 수 있는 여부에 따라 도와줄 것이냐 말 것이냐가 결정된다.

::
# 서로 용납하라 15:7~13

서로를 용납하는 본보기는 예수님의 성육신과 율법에 순종하며 사신 생애에 잘 나타나 있다. 삼위일체 하나님이 서로를 용납하시듯 하나님의 자녀인 우리도 마땅히 서로를 용납해야 한다.

신자들은 서로를 용납하고 받아들여야 한다. 예수님이 죄로 가득한 우리를 용납하심으로 하나님께 영광을 돌리신 것처럼 우리 역시 서로의 사소한 차이나 약점을 용납하고 받아 들여야 한다(15:7). 인간은 대개 자신이 모든 평가의 기준이 된다. 하지만 우리는 불완전한 인간의 기준이 아니라 완전하신 하나님의 본을 따라야 한다. 서로를 용납하는 본보기는 예수님의 성육신과 율법에 순종하며 사신 생애에 잘 나타나 있다(15:8). 삼위일체 하나님이 서로를 용납하시듯 하나님의 자녀인 우리도 마땅히 서로를 용납해야 한다.

예수님의 순종은 하나님이 조상들에게 주신 약속을 성취하기 위한 것이며, 특별히 모든 이방 민족을 구원하기 위한 하나님의 계획을 받아들이신 것이다(15:8~9). 특별한 부름을 받았던 유대인은 물론 다른 모든 이방인도 함께 하나님께 영광과 찬송을 돌리게 하신 것이다(15:9~12). 교회는 이러한 하나님의 인류 구속 계획을 따라 유대인과 이방인이 한 몸이 되어 이루어진 하나님의 신비의 계시이다(엡 2:12~22).

유대인들의 전통과 이방인의 관습 사이에는 많은 차이가 있지만, 모든 인류를 불러 한 몸인 교회로 만드신 이의 뜻을 따라 서로를 받아들이고 살아가는 것이 당연한 도리이다. 교회의 영원한 소망은 이새의 뿌리에서 나신 그리스도에게만 있으며, 그분만이 모든 열방을 다스려야 할 분이시다(롬 15:12).

바울은 영원한 소망이 되신 '소망의 하나님'의 이름으로 축도하면서 기본적인 기독교 교리와 바른 생활에 대한 권면을 끝맺고 있다(15:13). 그의 축도 속에서 우리는 진정한 축복이 소망의 근원이신 하나님의 이름으로만 가능하다는 것을 알게 된다. 또한 모든 기쁨과 평강은 믿음 안에서만 충만케 될 수 있으며, 그 다음에야 성령의 능력으로 넘치는 소망을 가질 수 있음(15:13)을 알게 된다.

::
## 깊이 읽기 _ 소망의 하나님을 찬양하라

예수님은 하나님과 동등됨을 취할 것으로 여기지 아니하시고 자기를 비워 철저하게 순종하시며 십자가에서 죽기까지 복종하셨다. 예수 그리스도께서 자신을 비우고 우리를 통해 하나님께 영광 돌린 것처럼 우리 역시 서로 겸손히 용납하고 남을 더 존귀하게 여겨야 한다. 주님은 할례를 받아야 할 아무 이유가 없으셨다. 하지만 율법의 요구를 충족시키기 위해 할례의 추종자가 되셨다. 이런 방법으로 이방인이 구원을 얻게 되었고, 이방인이 하나님께 돌아옴으로 하나님 아버지께 영광을 돌리신 것이다. 신자들 역시 자기가 아닌 다른 사람을 용납하고 높임으로써 하나님께 영광 돌리는 삶을 살아야 한다. 나는 얼마나 다른 사람을 높이며 사는가?

하나님이 아브라함과 열조에게 약속한 모든 약속이 이새의 뿌리에서 나신 예수 그리스도에게서 완성되었다. 예수 그리스도를 믿고 따르는 열국의 구원을 통해 하나님의 약속이 성취된 것이다. 모든 믿는 자는 이 소망을 품고 기뻐하며 하나님께 영광을 돌리며 살아야 한다. 이방인이나 유대인이나 똑같이 하나님의 은혜와 약속에 힘입어 예수 그리스도의 십자가 보혈을 통해 구원을 얻었다. 나의 소망은 얼마나 확실한가? 나는 얼마나 진심으로 하나님께 영광을 돌리며 살고 있는가?

# 13

사랑의 빚을 갚는 길 **롬 15:14~16:27**

::
# 이방인을 위한 바울의 간증 15:14~21

바울은 자신의 사역의 주체가 하나님이심을 분명히 알고 있었으며,
사역의 목적이 하나님 나라를 확장하고 하나님께만 영광 돌리는 것
임을 확신하고 있었다.

지금까지 바울은 일반적인 독자를 대상으로 교리와 믿음 생활
을 권면했다. 이제부터 편지는 서두(롬 1:1~15)에서와 마찬가지로 수
신인과의 사적인 대화로 돌아간다. 서두에서도 언급이 있기는 했는
데, 다시 한 번 로마교회에 편지를 쓰게 된 이유를 밝히고 있다. 이
미 로마교회 교인들의 기본적인 신앙은 어느 정도 성장해 있음을
바울 자신도 인정하였다(15:14). 그러나 잘 아는 것 같은 진리도 계
속해서 반복적으로 상기시켜야 할 필요가 있기 때문에 담대하게 복
음의 편지를 보낸 것이라고 설명하고 있다.

로마교회는 바울이 세운 교회가 아니기에 로마교회의 내부적인
문제에 관한 한 바울이 참견할 입장은 아니다. 그럼에도 불구하고

바울 사도는 자신이 참견할 소지가 분명히 있음을 보여 주고 있다.

첫째 이유는 바울이 하나님으로부터 받은 특별한 은혜 때문이다(15:15). 죽을 수밖에 없는 죄인이 십자가의 공로로 영원한 구원을 얻은 것은 우리에게서 나온 것이 아니고 그리스도를 통해 주시는 하나님의 의를 믿음으로 가능해진 것이다. 이 같은 하나님의 특별한 은혜를 받은 자들은 누구라도 다른 사람들에게 복음을 전하지 않을 수 없다. 구원받은 무리가 진정으로 그 은혜와 사랑의 의미를 깨달았다면 가만히 있어서는 안 된다. 이것이 바로 바울이 로마서를 보내는 첫째 이유다(1:5).

둘째 이유는 바울이 주님으로부터 받은 이방인에 대한 '사도의 직분' 때문이다. 바울이 하나님으로부터 은혜를 받을 때 그는 하나님의 특별한 부름을 받았다. 그것은 "이방인을 위하여 그리스도 예수의 일꾼이 되어 하나님의 복음의 제사장 직분을 하게 하사 이방인을 제물로 드리는"(15:16) 것이다.

우리 모두는 그리스도의 복음의 제사장으로 부름을 받았다. 우리가 하나님께 드려야 할 거룩한 제물은 전도의 제물이다. 제사장이란 단어와 제물이란 단어는 12장에서 우리 몸을 하나님이 기뻐하시는 거룩한 제물로 드리라는 말씀과 연결된다. 먼저 자기 자신을 하나님께 드리고, 그 다음에 다른 사람을 그리스도에게 바치는 것이 제사장이 하나님께 예물을 바치는 순서다.

여기서 바울의 사역 원칙을 살펴보기로 하자.

첫째, 바울은 자신이 하나님에게서 받은 직분을 말하면서도 철저하게 자기 자신은 숨기고 하나님의 역사하심만을 나타낸다. 하나님이 자신을 도구로 사용하심으로써 "말과 행위로 표적과 기사의 능력으로 성령의 능력으로"(15:18~19) 하나님의 일이 이루어졌다고 말한다. 하나님이 행하신 일을 자랑하면서 온전히 모든 영광을 하나님께만 돌리고 있는 모습에서 사도의 진정한 위대함을 찾을 수 있다(15:17). 사도 바울의 전도 간증 속에 우리가 잘 알고 있는 전도의 기본 원칙이 나타나 있다. 즉 성부, 성자, 성령, 삼위일체 하나님이 전도의 주인이시라는 사실이다(15:17~19).

둘째, 바울은 제사장으로서의 직책을 감당하는 데 열심과 철저함으로 한다. 자신을 자랑하거나 자신을 전하는 것이 아니기에 철저하게 복음 전하는 일에만 모든 초점을 모으고 있다. 그는 예루살렘부터 시작해서 일루리곤까지 복음을 다 전했다고 이야기하고 있다(15:19). 자신 있게 하나님이 자신을 통해서 행하신 일을 자랑하고 있다. 일루리곤은 오늘날의 오스트리아와 유고슬라비아를 포함한 다뉴브 강 남부 지역을 가리키는 지명으로, 당시 로마의 한 주였다.

그는 어떻게 그렇게 자신만만할 수 있을까? 바울은 자신의 사역의 주체가 하나님이심을 분명히 알고 있었으며, 사역의 목적이 하나님 나라를 확장하고 하나님께만 영광 돌리는 것임을 확신하고 있었다. 그래서 자신의 전도 간증도 그렇게 분명하게 내세울 수 있었던 것이다.

셋째, 남의 터 위에는 새로 건축하지 않는다(15:20). 그 이유는 다른 사역자와의 관계 때문이다. 남의 터이기에 그 사역을 존중하는 것이다. 이 원칙은 오늘날도 모든 사역자가 지켜야 할 기본적인 예의다.

남의 터에 건축하지 않는 또 다른 이유는 복음 전파의 시급성 때문이다. 하루라도 빨리 땅 끝까지 복음을 전해야 하므로 이미 그리스도의 이름이 불리는 곳은 사역 대상지로 생각하지 않았다. 복음이 전해지지 않은 곳이 너무도 많기 때문이었다. 오늘날도 이 원칙은 선교 행정의 기본으로 지켜져야 한다. 어느 한 지역이 선교에 인기가 있다고 해서 선교 단체들마다 몰리는 것은 잘못이다. 선교 단체들 간의 협의를 통해 미개척 전도 지역에 모든 선교의 초점을 모아야 할 것이다.

물론 예외적인 중요한 사실이 있다. 그것은 복음이 잘못 전해졌을 때는 아무리 그 터가 견고한 남의 사역지라 해도 뛰어들어 잘못된 교리를 바로잡아야 한다는 것이다. 바울 자신이 올바른 복음과 교리를 지키기 위해 여생을 바쳤던 사실을 보면 잘 알 수 있다.

::
## 깊이 읽기 _ 구원의 통로가 된 바울

본문에서 바울은 이미 믿고 있는 사람들에게도 신자들이 상호 권면하며 항상 새롭게 학습할 필요가 있음을 주지시켰다. 그는 하나님의 은혜로 이방인을 향한 복음의 제사장으로 부름을 받았다.

따라서 바울은 하나님께 받은 직책에 충실하기 위해 담대하게 복음을 전파하고 권면의 직무를 성실히 수행하고 있는 것이다.

바울은 자기의 분수에 넘치게 자랑하지 않았다. 그는 분명 자신이 한 일에 대해 어떤 만족감을 가지고 있었다. 하지만 그는 그 일들을 행한 것은 자신이 아니라 하나님이 그를 통하여 여러 가지 기사와 능력으로 역사하신 것임을 분명히 확신하였다. 그러므로 자신을 드러내기 위해서가 아니라 하나님의 영광을 드러내기 위해 자기가 한 일을 자랑하고 있는 것이다.

바울은 주님이 제자들에게 주신 지상명령을 가장 효과적으로 실천하기 위해 하나님이 주시는 지혜로 분명한 목표와 계획을 세우고 담대하게 일을 추진해 나갔다. 그 결과 복음은 예루살렘에서 일루리곤까지 꽉 찼고 더 이상 바울이 가야 할 곳이 없었다. 그래서 그는 아직 복음을 들어 본 적이 없는 미전도 종족들을 향해 더 큰 복음의 동심원을 그리기 위해 전진해 나갔다. 나를 필요로 하는 곳은 어디인가? "주여 나를 보내소서!"

내가 내 지혜와 능력과 열심으로 한 것이 아니라 하나님이 나를 통하여 역사하셨음을 드러내는 자랑은 필요하다. 모든 영광은 하나님께만 돌려야 한다.

::

# 최전방, 서바나를 향한 기도 15:22~24

바울이 로마를 사모했던 이유는 오로지 하나님의 나라와 그 의를 세
우기 위한 것이었다. 로마교회는 바울에게 있어서 전초기지일 뿐이
고, 최전방 싸움터는 당시 세상의 끝이라고 알려져 있던 서바나였다.

바울이 로마교회를 방문하려는 직접적인 이유를 진술하고 있다.
그것은 당시 세계의 중심지인 로마를 방문하여 그곳에 지상명령 성
취를 위한 선교 기지를 구축하려는 것이었다. 로마교회를 방문하려
던 것은 바울 사도의 오랜 염원이기도 했다. 바울은 로마교회를 방
문하려고 여러 차례 시도했으나 번번이 길이 막혔다(롬 15:22). 그 이
유를 여러 가지로 생각해 볼 수 있다. 아마 그의 원수들이 방해했거
나(16:20 참조), 아니면 여건이 형성되지 않았기 때문일 것이다. 이럴
경우는 하나님이 허락하지 않으셨다고 말할 수 있다(행 16:6~7 참조).
바울의 경우는 후자일 가능성이 크다.

바울은 이제 다른 선택의 가능성이 없는 막다른 골목에 도달했

다. 로마 방문보다 더 급한 일은 없게 되었다. 바울이 복음을 전했던 마게도냐의 알렉산더 대왕이 더 이상 정복할 땅이 없어서 울었다는 일화가 있는데, 바울 사도의 탄식이 그와 비슷하다(롬 15:23). 예루살렘에서 발원한 복음은 사마리아와 온 유대와 그 근방 아시아와 그리스 지역까지 편만하여 더 이상 복음을 전할 곳이 없어져 버렸다. 얼마나 자신감 넘치는 진술인가! 이는 예수님의 십자가와 부활 사건이 있은 지 채 30년도 안 되어 벌어진 상황이다.

이제는 주님이 내린 지상명령 중 마지막 영역인 땅 끝까지 복음 전하는 일이 남았다. 안디옥교회는 예루살렘교회에서 배턴을 이어받아 선교 주자로서의 사명을 잘 감당했다. 세 차례에 걸친 바울의 전도여행을 통해 안디옥교회는 성공적으로 그 주변에 복음을 전파하였다. 그러나 이제는 더 강하고 가능성이 많은 주자가 필요하게 되었다. 바울 생전에 마지막 주자가 될 가장 유능한 주자는 당대 최고의 강국, 로마밖에는 없었다. 바울이 로마를 사모했던 이유는 오로지 하나님의 나라와 그 의를 세우기 위한 것이었다. 바울의 기도와 헌신으로 로마는 안디옥교회에 이어 거의 천 년 이상을 세계 기독교 선교의 중심지로 자리 잡게 된다.

바울은 로마교회를 방문하면 그곳에서 제일 먼저 믿는 자로서 사랑의 교제를 나눌 것을 밝힌다. 이것은 성도의 마땅한 도리다. 특히 하나님의 신령한 은사를 받은 대사도는 그 은사를 하나님의 뜻대로 교회를 세우는 데 사용하려고 한다. 이것은 로마교회 성도들에게 하나님이 주신 최고의 신령한 축복이 아닐 수 없다(15:29).

이 교제는 사실 바울 자신을 위해서도 굉장한 의미를 지니고 있다. 바울도 인간인지라 동료 성도들로부터 위로받기 원했다(15:24). 인간은 사랑을 받고 위로를 먹으며 사는 존재다. 큰일을 감당하고 있는 사람일수록 더 큰 위로가 필요하다. 주변에 있는 주의 일꾼들을 위해 기도하자. 우리의 위로를 통해 하나님 나라 건설은 더 효과적으로 이루어질 것이다.

그러나 로마교회는 바울에게 있어서 어디까지나 전초기지일 뿐이고, 최전방 싸움터는 당시 세상의 끝이라고 알려져 있던 서바나였다. 바울은 안디옥교회가 바울과 바나바 등을 선교사로 파송했듯이 로마교회가 바울을 서바나로 파송해 줄 것을 요구하고 있다.

## :: 깊이 읽기 _ 바울의 기도 편지

바울은 한 지역에서 복음을 전하다가 그곳이 자립할 준비가 되면 다시 새로운 선교지를 찾아 떠났다. 그는 전략적인 지역에서 전략적으로 복음을 전했다. 그가 당시 세계의 중심지였던 로마를 선교 중심지로 삼기 위해 기도한 덕분에, 실제로 로마는 천 년 동안 세계 기독교의 중심지가 되었다. 그들이 알고 있던 세상의 끝인 스페인까지 복음이 전해진 것도 그가 맺은 열매라 할 수 있다.

바울은 예루살렘교회의 가난한 성도들을 구제하러 가는 자신의 여행을 '성도를 섬기는 일'이라고 부르며 진실한 마음으로 이웃을 섬겼다. 신자는 여러 가지 사랑의 빚을 겼는데, 특별히 생명의 복음을 전해 준 사람들에게 고마운 마음을 표현하는 것은 복음의 은혜에 감사하는 또 하나의 방법이다.

바울은 전도여행을 위한 기도 편지에서 자신의 안전과 사역을 위해 기도해 줄 것을 당부했다. 이것이 함께 사역에 동참하는 길이라고 했다. 특히 그는 항상 하나님의 뜻을 따라 기쁨으로 행할 수 있도록 기도하였다. 복음을 전하는 선교사가 되는 것도 귀하지만 보내는 선교사의 기도가 없으면 선교는 불가능하다.

바울은 하나님 말씀에 순종하고, 주님께 진 빚을 갚기 위해 항상 기도하며 몸으로 실천하고 있었다. 기도로 세우는 계획은 하나님을 향한 믿음의 표현이다.

::
# 성도를 섬기는 일 15:25~33

그 어떤 빚도 사랑으로만 갚을 길이 있는 사랑의 빚이라고 말하고 있다. 구체적으로 사랑을 갚는 길은 복음을 전하는 것이다. 그리고 이웃을 섬기며 물질로 도와줌으로써 실제적인 사랑을 나누는 것이다.

바울에게는 아무리 급해도 끝내야 할 일이 남아 있었다. 그것은 가능하면 오순절 전에 예루살렘에 도착하여(행 20:16) 바울이 설립한 교회가 헌금한 것을 예루살렘교회에 전하는 일이었다(롬 15:26). 여기서 마게도냐는 빌립보교회와 데살로니가교회를 말하는 것이며, 아가야는 지금 로마서를 쓰고 있는 고린도교회를 가리키는 것이다. 바울 사도는 이 일을 구제 사업이라 말하지 않고 "성도를 섬기는 일"(15:25)이라고 표현했다. 여기에서 구제에 대한 바울의 기본적인 태도를 배울 수 있다.

남을 도와주면서 상대방의 기분을 상하지 않게 하는 방법은 도와주는 사람의 태도에 달려 있다. 구제하는 사람의 마음이 상대방에게 그대로 전달되도록 하는 것도 슬기로운 일이다. 사도 바울은 자신이 예루살렘 성도들을 섬기는 일이 잘 받아들여지게 기도해 달라고 당부하고 있다(15:31). 그 일은 흉년 등의 어려움으로 예루살렘교회에 있는 가난한 성도들에게 구제금을 전하는 일이다.

오늘날 얼마나 많은 사람이 남을 돕는다면서 그들의 가슴에 상처를 내고 있는가? 우리는 바울에게서 배워야 한다. 사도 바울은 금전적인 문제를 분명하게 하기 위하여 자신과 함께 헌금을 보내는 교회의 대표들과 동행하고 있다(행 20:4). 이 헌금은 바울이 선교한 교회, 즉 갈라디아교회와 고린도교회에서 먼저 시작하였다(고전 16:1, 고후 8:10). 바울이 이 소식을 마게도냐와 다른 교회에 전하자 그들 또한 헌금하기 시작하였다(고후 8:1~3). 그들에게 헌금을 권면하는 바울의 논리는 이방교회가 예루살렘교회에 진 영적인 빚과 관련이 있다(롬 15:27).

바울은 로마서에서 세 가지 종류의 빚에 대해서 언급하였다. 첫째는 11장 35절에 언급되어 있는 하나님께 진, 갚을 길 없는 빚이다. 둘째는 실제로 예루살렘교회를 통해 받은 복음의 빚이다(15:27). 셋째는 먼저 복음을 들은 자로서 아직 믿지 않는 영혼들에게 복음을 전해야 할 전도의 빚이다(1:14).

그러나 그 어떤 빚도 다 사랑으로 진 빚이고 사랑으로만 갚을 길이 있는 사랑의 빚이라고 말하고 있다. 구체적으로 사랑을 갚는 길은 복음을 전하는 것이다. 그리고 이웃을 섬기며 물질로 도와줌으로써 실제적인 사랑을 나누는 것이다. 이런 의미에서 한국 교회는 이 세 가지 빚을 다 갚을 의무를 지니고 있다고 하겠다.

바울은 로마교회에 자신이 끝내야 할 임무를 잘 마치고 무사히 로마에 도착할 수 있도록 기도를 부탁하고 있다(15:30~32). 바울이 부탁했던 기도 중 한 가지(성도들이 헌금을 잘 받는 것)는 응답을 받았으나, 다른 두 가지는 거절 혹은 다른 방법으로 응답을 받았다. 즉 유대에 있는 믿지 않는 자들에게서 화를 당하지 않도록 기도했으나(15:31) 바울은 결국 그들에게 붙잡히게 된다.

그러나 궁극적으로 그들을 통해 로마까지 갈 수 있게 된 것은 바울이 기대하지 않은 방법으로 기도 응답을 받은 것이라 하겠다. 바울은 로마교회에 방문하여 함께 편히 쉬려고 했지만(15:32) 바울이 생각지도 않았던 죄수의 신분으로 방문하는 기도 응답을 받게 되었다. 이 기도 응답을 보면서 하나님은 우리가 생각하는 것을 항상 초월하는 분이심을 알 수 있다.

## :: 깊이 읽기 _ 거짓 교사를 조심하라

하나님의 말씀을 전파하고 난 후 교회를 튼튼하게 만드는 비결은 거짓된 가르침을 퍼뜨리는 거짓 교사를 물리치는 것이다. 거짓 교사들은 사탄의 사주를 받아 분쟁을 일으키며, 복음 진리와 다른 가르침으로 사람들을 걸려 넘어지게 한다. 이들은 그리스도보다는 자기 자신의 이익과 편안함을 추구하며 번드레한 말로 순진한 영혼들을 유혹한다. 오늘날에도 이런 사람들을 경계하여야 한다.

언제나 아름다운 신앙은 복음의 진리에 순종함으로 표현된다. 우리 삶 속에 말씀을 적용하는 비결은 순수함과 진실함이다. 그러나 세상이 사악하기에 사탄의 세력에 맞서기 위해서는 뱀 같은 지혜와 비둘기 같은 순수함이 필요하다. 참 지혜는 악한 것에 미련하고 선한 것에 예민한 것을 말한다. 나는 얼마나 선에 지혜롭고 악에 미련한가?

인간의 원죄를 발생시킨 에덴동산의 선악과 사건은 하나님의 은혜로 사탄이 그리스도의 발아래에서 상하게 될 것을 예언했다. 이 사건은 이미 그리스도의 오심으로 성취되었으나, 이것이 개개인에게 적용되기 위해서는 각자가 하나님의 평강에 믿음으로 거해야 한다. 이 일을 이루신 주님의 은혜로 신자들은 더욱 담대히 승리할 수 있다.

진정한 지혜는 죄를 짓지 않고 선한 일에 거하는 것이다. 반면에 가장 어리석은 것은 죄를 두려워하지 않고 그 안에서 죄를 즐기는 것이다.

## :: 바울이 만났던 사람들 16:1~27

나에게는 뵈뵈처럼 사회적으로 인정받는 주부 제자나 브리스가와 아굴라 부부처럼 항상 주의 일에 헌신하는 이상적인 동역자가 있는 가? 내 제자는 얼마나 다양하게 연결되어 있는가?

로마서의 마지막 장은 많은 사람이 로마서의 한 부분이 아닌 듯 하다는 인상을 받는 부분이다. 그 이유는 바울이 로마교회의 너무 나 많은 사람에게 인사하고 있기 때문이다. 여기서 바울은 26명 이 상의 개인 이름을 언급하고 있으며, 다섯 개의 교회에 안부를 전하 고 있다. 단 한 번도 방문한 적이 없는 교회에 편지를 쓰면서 이런 일이 과연 가능할까 싶다.

그러나 그럴 만한 여러 가지 가능성들이 있다.

첫째, 바울은 이방인의 사도로 일한 지 20년 가까이 되었다. 오 랜 기간의 사역 경험으로 인해 바울의 친교 범위가 넓어졌을 것이 다. 그렇기 때문에 이처럼 많은 사람과 알고 지냈을 가능성도 높다.

게다가 그 당시의 기독교는 오늘날보다 훨씬 규모가 작았다. 교회 내에서 잘 알려진 일꾼들은 서로 알고 지내며 교제를 나누었을 것이라고 추측해 볼 수 있다.

둘째, 그 당시 로마는 세계의 중심지였으므로 이전에 다른 도시에서 이미 바울과 교제를 가졌던 많은 사람이 로마에 가서 살고 있었을 가능성도 많다.

셋째, 당시 모든 길은 로마로 통하고 있었으므로, 전부터 바울과 서신을 통한 교제를 나누고 있었을 가능성도 배제할 수는 없다.

아무튼 이미 만났던 사람이라 할지라도 이렇게 많은 사람과 계속해서 영적인 교제를 나누고 있었다는 사실은 놀랍기만 하다. 이는 성령과 동행하며 끊임없이 서로를 위해 기도하는 사람에게만 가능한 일일 것이다. 참된 그리스도인의 사귐은 이익과 계산, 실리 위주의 사귐이 아니라 영리(영적인 이익) 위주의 사귐이어야 함을 가르쳐 주고 있다. 물질적 계산이 오가는 살벌한 사귐이 아니라 사랑과 기도와 희생이 오가는 따뜻한 사귐이야말로 그리스도인이 추구해야 할 교제다.

제일 먼저 언급된 뵈뵈는 바울이 로마교회에 편지를 쓰고 있던 고린도교회와 그리 멀지 않은 곳에 있는 겐그레아교회의 일꾼으로서, 평소에 바울을 도와주던 후원자 중 한 사람이다(16:2). 바울이 3차 전도여행 때 유대 회당에서 재판 받은 후 머리를 깎았던 겐그레아(행 18:18)도 뵈뵈와 관련이 있을 가능성을 배제할 수 없다.

뵈뵈가 이 편지를 가지고 로마교회로 가는 듯하다. 그렇다면 뵈

뵈의 남편은 당시 고린도 사회에서 사회 경제적으로 실력자였을 것
이라는 추측도 가능하다. 뵈뵈를 추천하는 글에서(롬 16:1~2) 바울은
성도의 사귐이 합당한 예절에 따라야 하며 물질적인 도움도 동반되
어야 함을 말하고 있다.

다음에 등장하는 브리스가(혹은 브리스길라)와 아굴라는 바울 서신
에 자주 등장하는 인물이다(행 18:2, 18, 26, 고전 16:19). 이들은 바울의
중요한 동역자로, 성경에서 찾아볼 수 있는 대표적인 부부 일꾼이
다. 아내인 브리스가의 이름이 남편보다 먼저 나오는 이유는 아내
가 남편보다 더 비중 있는 인물이기 때문이다. 브리스길라 가문은
당대 로마의 귀족 가문이라는 사실이 이 가능성을 뒷받침하고 있
다. 아굴라는 소아시아 북부 본도 출신 유대인이었다.

바울이 네로에게 순교당하기 직전에 쓴 편지에도 이들 부부가
언급된 것을 보면, 바울과 이 부부와의 사귐은 굉장히 오래 지속되
었음을 알 수 있다(딤후 4:19). 이 부부의 사역은 이방인의 모든 교회
에 영향을 미쳤다. 심지어 그들은 생명의 위험을 무릅쓰면서까지
바울을 도와주었던 신실한 사역자 부부였다(롬 16:4).

다음에 등장하는 에배네도(16:5)는 바울에게 특별한 인물이다.
그는 바울이 아시아 지역에서 제일 먼저 전도해서 얻은 열매다. 아
시아 지역이라 함은 거의 에베소교회를 지칭한다고 보면 된다. 바
울과의 오랜 관계로 볼 때, 그는 지역 교회의 지도자로 성장했을 것
이며, 지금은 대도시 로마로 이주해 갔음에 틀림없다.

바울은 그 밖의 많은 사람에게 문안하고 있는데, 그중 어떤 이들

을 '나의 친척'이라 부르고 있다(16:7, 11, 21). 이들은 바울과 정말 인척 관계에 있는 사람일 수도 있고, 아니면 로마교회의 많은 교인 가운데 특별히 유대인을 지칭하는 것일 수도 있다. 바울이 그들을 부를 때 어떤 사람에겐 '사랑하는', 또 어떤 이에겐 '동역자'라는 명칭을 쓰고 있다. '사랑하는'(16:5, 8, 9, 12)은 바울보다 나이가 어린 사람을 가리키고, '동역자'(16:3, 9)는 바울과 동년배이거나 연상의 사역자일 가능성도 있다.

흥미로운 사실은 여인들의 이름이 많이 언급되어 있다는 사실이다(브리스가, 마리아, 드루배나, 드루보사, 버시, 루포의 어머니, 네레오의 자매 등등). 학자들은 암블리아와 우르바노가 노예 신자일 가능성이 많다고 말한다. 이러한 이유 때문에 영화로도 유명한 소설『쿼바디스』에 우르바노가 등장한다.

13절에 나오는 루포와 그의 어머니는 예수님의 십자가를 대신 짊어지고 갔던 구레네 사람 시몬의 아내와 그 아들일 가능성이 크다(막 15:21). 이들 가족의 이름이 마가복음에 기록되었다는 사실은 구레네 시몬이 당시 초대교회에 널리 알려진 인물이었음을 짐작하게 한다. 시몬이 예수님의 십자가를 진 사실과 아울러 두 아들 알렉산더와 루포의 이름이 모두 성경에 기록되었다는 것은 그들을 알 만한 사람은 다 알고 있다는 사실을 보여 준다. 그 가족과 바울은 교회 내의 사귐으로 연결되었으며, 당시 그들은 로마에 살고 있었을 것이라고 추정된다.

로마서의 마지막 부분(16:17~18)에서 바울은 거짓 교사에 대한 경고를 하고 있다. 거짓 교사들에게서 흔히 찾을 수 있는 특징은 그들의 관심이 하나님 나라와 그 의에 있지 않다는 것, 자신들의 배만 섬기고 많은 사람을 미혹하게 하고 분쟁과 문제를 일으킨다는 것이다. 이들을 대항하여 이길 수 있는 방법은 하나님 말씀에 순종하는 길밖에는 다른 길이 없다. 그렇게 할 때에 우리는 선한 데 지혜롭고 악한 데 미련할 수 있다(16:19).

우리 그리스도인들에게는 아주 확실한 약속이 있다. 그것은 에덴동산에서 아담과 하와에게 주어진 원시복음이다(창 3:15). 즉 평강의 하나님이 속히 사탄을 우리 발아래에서 상하게 하시겠다는 약속이다(롬 16:20). 이것은 또한 우리의 영원한 기도 제목이고 소망이 되어야 한다.

마지막 끝맺는 인사(16:21)에서 바울은 자신과 함께 거하고 있는 사람들의 안부를 전한다. 디모데는 바울과 함께 전도여행을 다닌 동역자이고, 더디오는 바울의 편지를 받아쓰고 있는 대서인이다. '이 성의 재무관'으로 소개된 에라스도는 바울이 로마서를 기록할 당시 바울 일행과 지역 교회(아마도 고린도교회)의 재정을 책임지고 있던 사람이다(16:23). 흥미로운 것은 1929년에 고린도의 유적지에서 '그 성의 재무 에라스도'라고 새겨진 보도블록이 발견되었다는 것이다. 아마도 로마서에 나오는 인물과 동일인이 아닐까 생각된다.

예수 그리스도의 복음을 설명하기 위해 기록된 로마서는 복음의 근원이 되신 하나님께 복음의 주인공 되신 예수 그리스도를 통하여 영광을 돌리는 것으로 끝난다(16:25~27). 이런 의미에서 로마서는 일반적인 서신이라기보다는 독특한 의미에서 바울의 복음 논문이라고 할 수 있겠다.

:: 
깊이
읽기 _ 복음 전파하는 나의 팀원들은 어디에?

바울은 오랜 선교 경험과 주의 나라를 위한 헌신으로 세계 중심지에 있던 로마교회의 성도들과 다양한 교제를 나눌 수 있었다. 모든 길은 로마로 통한다는 말처럼 잘 발달된 교통과 많은 사람의 이동을 생각할 때, 바울이 수많은 사람과 다섯 곳의 가정 교회에 문안 인사를 하는 것이 어려운 일은 아니었을 것이다. 바울이 깊은 사랑과 관심을 가지고 그들을 위해 쉬지 않고 드린 기도가 무엇보다 중요한 것이다.

나에게는 뵈뵈처럼 사회적으로 인정받는 주부 제자나 브리스가와 아굴라 부부처럼 항상 주의 일에 헌신하는 이상적인 동역자가 있는가? 내 제자는 얼마나 다양하게 연결되어 있는가? 바울이 인사하는 사람들 가운데는 여인들과 노예 신자들도 발견된다. 이처럼 로마교회는 다양한 인물들이 참여하면서도 한 몸을 이루고 있음을 보여 준다. 신자는 어느 곳에서 어떻게 만나게 되든 그리스도를 중심으로 한 몸이 된 지체다. 서로 사랑하고 교제를 나누며 살아가는 것이 신자로서 바람직한 삶의 모습이다.

바울은 믿음의 아들 디모데를 동역자로 소개했다. 바울 주변에는 언제나 많은 사역자가 있었다. 바울은 여럿이 함께 일하는 사역의 중요성을 알았고, 팀 사역에 성공하였다. 로마서는 더디오가 대신 기록해 주었으며, 바울이 머물렀던 집주인인 가이오와 고린도성의 회계를 담당했던 에라스도 역시 그의 사역에 협력하며 일익을 담당했다.

# 로마서를 기록한
# 하나님의 최종 목적

세상에서 가장 놀라운 일들 중에 최고봉은 창조주 하나님이 피조물인 인간을 사랑하셔서 그 아들을 보내 구원하신 사건이다. 아무도 알 수 없는 최고의 신비가 복음 속에 담겨 있다. 이 계시의 근본 목적은 모든 민족이 이를 믿고 순종하게 하는 것이다. 여기에 지상명령의 의미가 있다. 신자들은 복음으로 견고케 된 후 열심으로 말씀을 전파해야 한다. 그 다음으로 믿는 성도들이 해야 할 일은 성부 하나님을 높이고 그분께 영광을 돌리는 것인데, 이것을 성자 예수께서 이루셨다. 하나님을 높이고 영광을 돌리기 위해 예수께서 이 세상에 오셨고 죽기까지 순종하셨다. 인간의 창조 목적이 하나님께 영광을 돌리는 것인데, 나는 나의 삶을 통해 얼마나 하나님께 영광을 돌리고 있는가?

복음 전파는 하나님의 뜻이다. 이를 위해 성령님이 오셨다. 수많은 선지자가 이 명령에 헌신했으며, 우리 역시 복음 전파를 위해 부르심을 받았다. 나는 이 부르심에 얼마나 충성하고 있는가? 이것이 바로 로마서를 기록한 이유이고, 나를 위한 하나님의 목적이자 부르심이다.

# 로마서는
# 어떻게 기록된 책일까?

　　로마서는 바울 사도가 로마에 있는 성도들에게 보낸(롬 1:7) 편지다. 사실 편지 형식으로 되어 있지만, 내용은 단순히 안부를 전하는 것 이상의 신학적 내용이 주를 이루고 있다. 바울은 자기 자신을 '하나님의 복음을 위하여 택정함을' 입고 '사도로 부르심을' 받은 '예수 그리스도의 종'이라고 소개하고 있다(1:1).

　　이 편지를 보낸 사람은 성령의 감동을 받은 사도 바울이지만, 기록은 바울이 불러 주는 대로 더디오가 대필한 것이다(16:22). 그 이유는 바울의 시력이 좋지 않기 때문이라고 추정한다. 이렇게 추정하는 것은 갈라디아 교인들이 할 수만 있다면 바울에게 그들의 눈이라도 빼어 주려고 했던 사랑의 마음(갈 4:15)과 바울이 편지를 직접 쓰지 않고 비서를 시켜 쓴 후 맨 마지막에 문안 인사만 친필로 쓴

점(고전 16:21, 골 4:18, 살후 3:17), 그리고 본인이 쓸 때는 큰 글자로 썼다고 한 것(갈 6:11) 때문이다.

바울의 편지를 받는 로마 교인들은 아직 교회다운 교회를 갖추고 있지 않은 듯하다. 수신인은 교회가 아닌 성도들로 되어 있다(이에 반해 고린도전후서와 데살로니가전후서는 교회에 보냈고, 갈라디아서는 교회들에 보냈다). 로마에 있는 무형 교회의 교인들은 특별한 전도자 없이 무명의 전도자들에게서 복음을 들었던 것 같다. 특별히 오순절 성령강림 때 현장에 있었던 '로마로부터 온 나그네'들이(행 2:10) 복음을 듣고 회개한 후(행 2:37~41) 로마로 돌아가 평신도들로만 이루어진 교회를 설립했을 가능성도 있다.

"모든 길은 로마로 통한다"는 속담대로 그 당시 로마는 세계의 정치, 경제, 사회 모든 분야에 있어 세계의 중심지였다. 로마의 강력한 군사력과 발달된 행정체제로 세계는 로마의 평화(Pax Romana)를 즐기고 있었고, 로마 시민들은 로마의 영향이 미치는 곳은 어디나 자유롭게 통행하며 업무를 수행할 수 있었다.

바울이 이 서신을 쓴 것은 제3차 전도여행 때다. 에베소 중심의 소아시아 지역 전도에 집중하면서 제2차 전도여행 지역을 돌아보고, 마게도냐 사람들이 예루살렘 성도들을 위해 보내는 사랑의 선물(구제금)을 전하러 가는 길에 석 달 동안 머물렀던 고린도교회에서 로마에 편지를 쓴 것이다(롬 15:25~26, 행 20:3).

따라서 고린도후서와 로마서에는 공통점이 있는데, 특히 예루살렘 성도를 섬기는 일에 관한 것(고후 9장)이다.

기록 연대는 사도 바울이 네로에게 순교당하기 8~10년 전인 AD 56년에서 57년경으로 보고 있다.

바울은 한 번도 로마교회 교인들을 만난 적이 없었다. 하지만 방문할 계획은 오래 전부터 가지고 있었다(롬 1:10, 13). 그런데 바울이 로마를 방문한 것은 이 편지를 보낸 후 3년쯤 뒤 죄수의 신분으로였다(행 28:15). 그는 아무도 복음을 전하지 않은 곳, 당시 세상의 끝이라고 알려진 서바나(Spain)에 복음을 전하러 가는 길에 로마교회를 방문하려고 했다.

그러나 바울은 단순히 들르기만 하는 것이 아니라, 로마교회를 위한 특별한 사역을 계획하고 있었다. 즉 그들에게 신령한 은사를 나눠 줌으로써 로마교회를 튼튼하게 세우려고 했던 것이다(롬 1:11). 이것이 바로 하나님이 성령의 은사를 주신 목적이기도 하다.

또한 바울은 그들에게 일방적으로 은사를 나눠 주기만 하는 것이 아니라, 로마교회 교인들로부터 위로를 받기 위한 목적도 가지고 있었다(1:12). 대사도인 바울도 사역하면서 피곤하고 지칠 때 다른 성도로부터 위로와 격려를 필요로 하는 연약한 한 인간임을 보여 주고 있다.

그렇지만 그가 바라는 더 중요한 방문 목적은 서바나 선교를 위한 재정적, 영적 후원을 얻으려는 것이었다(15:24). 즉 그의 궁극적인 목적은 로마에서나 서바나에서나 전도의 열매를 맺기 위한 것이었다(1:13, 15).

이런 목적을 이루기 위해 바울 사도는 자기 자신을 상세하게 설명하고 있다. 그의 서신 중 로마서 소개문이 제일 길다. 로마서의 인사말 속에는 기록 목적과 더불어 '사도'(복음 전파자)와 '복음'이란 단어가 강조되고 있다. 복음을 전파하고자 하는 바울의 열정이 로마서 구석구석에 숨겨져 있다. 바울은 또한 한 번도 그들을 본 적이 없기에 편지를 보낼 수 있는 자신의 권위를 증명하기 위해 자신의 사도직을 글머리에 내세우고 있다(1:1, 5).

# 로마서는 어떤 구조로 되어 있는가?

로마서 1장 1~15절은 서론으로서, 바울의 사도권과 복음 소개 그리고 감사와 기도를 싣고 있다. 1장 16절에서 11장 36절은 교리편이다. 이를 다시 크게 둘로 나눠 보면, 기독교의 근본 교리(1:16~8:39)와 역사에 나타난 하나님의 의(9:1~11:36)로 나눌 수 있다. 그리고 12장 1절에서 15장 13절까지는 실천편으로서 믿는 자의 신앙적 생활 자세, 그리스도인과 사회생활, 그리스도인과 다른 신앙인, 그리스도를 본받는 삶을 다루고 있고, 15장 14절에서 16장 27절까지는 그리스도인과 서로의 사귐과 교제에 대한 내용으로 끝맺음을 하고 있다.

# A. 서론 (1:1~15)

바울의 사도권 및 복음 소개와 감사 및 기도

# B. 교리편 (1:16~11:36)

1. 기독교의 근본 교리(1:16~8:39)

   1) 복음의 주제 (1:16~17)

   복음은 믿음으로 말미암는 하나님의 의다.

   2) 죄와 심판 (1:18~3:20)

   ① 이방인(1:18~32): 하나님은 인간을 욕심과 죄 속에 버려두셨다.

   ② 도덕주의자(2:1~16): 올바른 일을 행한다고 하지만 결과는 같다.

   ③ 유대인(2:17~3:8): 형식이나 지식보다 내용이 있어야 한다.

   ④ 모든 인류(3:9~20): 예외 없이 모든 인류는 죄인이다.

   3) 구원은 오직 믿음으로 (3:21~5:21)

   ① 믿음으로 오는 의(3:21~31): 복음의 의는 하나님의 은혜로, 믿음의 법으로 주어진 것이다.

   ② 구약의 예(4:1~25): 아브라함도, 다윗도 믿음으로 의로워지는 것을 증명한다.

   ③ 첫째 아담과 둘째 아담(5:1~21): 아담 한 사람으로 인간에게 죽음이 찾아왔으나 그리스도 한 사람의 순종으로 영생의 길이 열렸다.

   4) 성화 과정 (6:1~8:39)

   ① 그리스도인과 죄(6:1~23): 그리스도인은 죄와 상관 없게 되었다.

   ② 그리스도인과 율법(7:1~25): 그리스도인은 율법에 대해 죽었다.

   ③ 그리스도인과 성령(8:1~39): 그리스도인은 성령의 역사하심으로 완전하신 하나님의 사랑 속에 거하고 있다.

## 2. 역사에 나타난 하나님의 의(9:1~11:36)

### 1) 하나님의 주권과 이스라엘 (9:1~33)

하나님의 절대 주권과 구원 계획은 완전하다.

### 2) 하나님의 주권과 복음 전파 계획 (10:1~21)

이스라엘이 실패한 이유는 믿음으로 하지 않았기 때문이다.

### 3) 이방인과 이스라엘의 관계 (11:1~36)

이방인이든 유대인이든 오직 믿음으로 사는 자만이 구원받을 것이라는 하나님의 계획은 변함이 없다.

# C. 실천편 (12:1~15:13)

## 1. 믿는 자의 신앙적 생활 자세(12:1~21)

성도의 모든 행동은 믿음으로 해야 한다.

## 2. 그리스도인과 사회생활(13:1~14)

이 험난한 세상에서도 사랑으로 구원을 이루어 나가야 한다.

## 3. 그리스도인과 다른 신앙인(14:1~23)

신앙의 자유는 다른 사람의 신앙을 지켜 주는 것을 전제로 한다.

## 4. 그리스도를 본받는 삶(15:1~13)

신자들은 그리스도를 본받아 땅 끝까지 복음 전하는 일에 함께해야 한다.

# D. 끝맺음 (15:14~16:27)

그리스도인들의 사귐과 교제